주천강의 봄

현대수필가100인선Ⅱ · 57

주천강의 봄

변종호 수필선

수필과비평사 · 좋은수필사

■책머리에

수필은 누구나 부담 없이 읽고, 마음만 먹으면 직접 쓸 수도 있는 가장 친근한 문학이다. 다른 영역의 문학이 영상매체에 밀려 신음하고 있는 중에도 수필 인구만은 날로 증가하여 바야흐로 수필 전성시대를 구가하고 있는 이유도 거기에 있을 것이다.

시대적 추세에 힘입어 수많은 수필전문지, 수필동인지가 창간되고, 이에 비례하여 신진 수필가도 날로 늘어나다 보니 이제는 그 많은 작가, 그 많은 작품 중에서 문학성 높은 작품을 가려 읽는 일이 쉽지 않게 되었다. 이런 현상은 작가에게나 독자에게나 결코 바람직한 일이 아니다. 더 나아가서는 수필을 연구하는 후세들에게도 큰 부담이 될 것이다.

이런 문제를 해결하는 데는 출판인도 마땅히 한몫을 감당해야 한다는 평소의 소신에 따라, 본사가 기꺼이 그 역할을 맡기로 했다. 그 첫 번째 사업으로 시대를 대표할 만한 수필가 100인을 선정하고, 작가가 자선한 40편 내외의 작품을 수록한 문고본을 발간하여 이를 널리 보급함으로써 그 소임을 다하고자 한다.

본사는 사명감을 가지고 이 사업을 추진해 나가기로 했다. 작가 선정을 전담할 편집위원회를 구성하고 전권을 위임하여 일체의 사적인 정실이나 청탁을 배제함으로써 전문성과 공정성을 확보해 나갈 것이다.

따라서 이 기획물 속에는 작가의 문학정신뿐만 아니라, 본사의 문학사적 기여 의지와 편집위원 제위의 수필문학에 대한 애정과 문인으로서의 양심이 함께 담겨 있음을 자부한다. 다만, 작가를 선정하는 기준에는 많은 견해의 차이가 있을 수 있고, 선정 과정에서도 미처 챙기지 못한 부분이 있을 것이라는 사실만은 인정하지 않을 수 없다. 이 점에 대해서는 관계자 여러분의 양해 있으시기 바란다.

이 시리즈의 발간 순서는 작가, 또는 본사의 사정에 의한 것일 뿐 그 밖의 어떤 기준도 적용하지 않았음을 밝힌다.

본 기획물이 시대를 초월한 많은 수필 애호가들의 관심과 애정 속에 우리나라 수필문학 발전에 한 이정표가 되기를 바랄 뿐이다.

본사에서는 이상과 같은 취지로 ≪현대수필가 100인선≫ 전 100권을 완간하여 큰 반향을 불러일으킨 바 있다.

그러나 우리 수필문단의 규모나 수필문학의 수준에 비추어 선정 작가를 100인으로 한정하는 것은 형평성이나 효율성 면에서 크게 부족하다는 의견이 많았고, 본사 또한 이를 통감하던 터라 기꺼이 ≪현대수필가 100인선Ⅱ≫를 발간하기로 했다.

본사의 충정에 찬동하여 출판에 응해주신 저자 여러분에게 진심으로 감사한다.

2014년 9월 일

수필과비평사 · 좋은수필사 발행인 서 정 환

현대수필가 100인선 간행 편집위원 박 재 식 최 병 호

정 진 권 강 호 형

오 세 윤

| 차례 |　　현대수필가100인선 Ⅱ · 57

1_부

2_부

3_부

4_부

1부

숫돌
섶다리
다마스커스칼
재
무릎에 대하여
옴살
요선암
마음을 메우다
선방의 죽비소리
만만한 사람
구리반지

숫돌

이해타산은 언감생심이다. 언제든 달려들면 선뜻 몸을 내준다. 얻어먹는 거라곤 이따금 흘려주는 물 한 모금이다. 공을 내세울 법도 하지만 그런 일은 절대 없다. 빤히 손해 볼 줄 알면서 거절할 줄 모른다. 어떤 형태로 찾아오건 숙명인 양 맞는다. 가슴팍이 푹 파여 나가는 고통의 대가로 날을 세운 것들이 잘났다 설칠 때도 빙긋이 웃을 뿐이다.

밖이 소란스럽다. 스피커 소리가 들리지만 내용은 알 수 없다. 세워둔 소형 트럭을 보고야 궁금증이 풀린다. 칼이나 가위를 갈아주는 차량이다. 적재함에는 전동그라인더와 고운 숫돌이 줄지어 있다. 그런 모습을 보니 옛 고향 집이 떠오른다.

우리 집 숫돌은 헛간 기둥 앞에 자리를 잡았었다. 칼보다 낫을 많이 갈았던 숫돌은 통나무로 만든 홈에 몸의 반절은 묻었다. 숫돌 옆에 찌그러진 양은 대야에는 언제나 물이 반쯤 담겨 있었다. 숫돌 집은 위에서 밑으로 내려가는 기울기를 가졌다. 마치 한여름 우물가에서 엉덩이를 번쩍 쳐들고 등목을 하던 큰형 모습이다.

단단함과 입자의 크기로 나뉘는 숫돌은 제 몸뚱이의 작은 알갱이를 떨어뜨리며 날을 세운다. 많이 손상된 날을 거칠게 세우기는 입자가 크고 단단한 게 좋으나 예리하게 날을 세울 때는 무르고 고운 숫돌이어야 한다.

숫돌도 저 혼자는 일하지 못한다. 마찰을 줄이고 떨어진 입자를 씻어내려면 반드시 물이 필요하다. 날을 세울 때는 서두르면 안 된다. 숫돌에 문지르는 속도와 누르는 힘이 중요하다. 강한 힘으로 밀어붙인다고 날을 세울 수는 없다. 적당한 힘과 속도가 필요하다. 이럴 때 적당은 그 일에 어느 정도 능통한 자만 쓸 수 있는 말이다.

아무리 공들여 세운 날도 사용하면 무뎌지기 마련이다. 무딘 날을 세우려면 숫돌이 있어야 한다.

사람들은 쉽게 얼굴이 드러나고 공을 인정받을 수 있는 연장 같은 사람이 되길 원한다. 반면 남들이 알아주지 않는 그늘에서 제 몸 상해가며 소임을 다하는 숫돌 같은 사람이 되는 건 한사코 마다한다. 날을 세우며 숫돌이 흘리는 건 결코 서러운 눈물이 아니라 버림으로 날을 세워주고 얻는 환희의 눈물이다. 소멸에 순응하는 숫돌, 그 눈물조차 곱다.

섶다리

내 고향은 강촌이다. 꿈에서도 그리던 섶다리는 고향 길목인 주천강 여울목에 놓여있다. 돌서덜에서 나온 지네 같은 섶다리. 별러서 찾았지만 선뜻 다리에 올라서질 못한다. 매서운 칼바람이 휘몰아친다. 그냥 서 있기조차 어려운 강가를 서성거린다.

갈마드는 마음엔 세찬 눈보라가 인다. 다리를 건너다 잠시 걸음을 멈춘다. 터질 듯 가슴이 아프다. 응어리져있던 쓰린 기억들이 스멀스멀 목울대를 기어오른다.

해후에 걸린 세월이 어느덧 사십여 년이 넘었다. 그리워할 것 많은 고향에서 섶다리만을 유독 가슴에 품고 기다린 것은 천륜에 끼어든 헝클어진 세상이 원망스러워서였다.

극도로 혼란스럽던 전란 이후, 믿기만 해도 잘살 수 있다는 신흥종교의 감언이설에 현혹된 가장. 살던 집이며 부치던 논밭 뙈기를 헐값에 넘겼다. 기를 쓰고 반대하던 어머니와 가족이 잠든 사이 아버지는 다리를 건너셨다. 그렇게 떠나가신 아버지를 오랜 세월이 지난 후 알게 되었다. 아버지를 이해할 수가 없었다. 받아들일 수 없기에 가슴앓이를 할망정 잊으려 했다. 받은 사랑이 없었기에 미련조차 없었다. 때론 아버지의 속마음을 헤아려보려 애쓰기도 했다. 하지만 겉에서만 빙빙 맴돌 뿐 들어가지 못하고 보낸 세월이 길었다.

가슴에 묻어둔 아련한 기억을 들춰본다. 마을 사람들은 봄부터 가을까지 강나루에 줄 하나를 매어놓고 나룻배로 건너다녔다. 황토물 무섭게 휩쓸던 여름 장마도 한두 차례면 끝이 났다.

바쁜 가을걷이를 마치면 강을 사이에 둔 양쪽 마을 사람은 울력으로 강폭이 좁은 여울목에 다리를 놓았다. 아낙네들은 강가에 가마솥을 걸고 닭으로 육개장을 끓였다. 막걸리를 받아다 바가지로 돌리며 노타운 정을 나눴다. 바야흐로 축제의 장이다. 이럴 때면 마을 간에 쌓인 자잘한 감정들은 흐르는 강물에 모두 띄워 보냈다.

시기적으로 무서리 내리는 시월이니 다리가 시릴 만도 했다. 그러나 장정들은 허리춤까지 차는 차가운 물 속으로 거침없이 들어갔다. 여럿이 힘을 모아 다릿발을 비스듬히 맞세운다. 마주 보는 다릿발이 연결되는 통나무에 쐐기가 박힌다. 저

마다 콧노래를 흥얼거리는 일꾼들이 상판을 대신하는 서까래 굵기의 나무들을 다릿발 위로 촘촘히 깔아놓으면 축축 늘어진 청솔가지가 겹쳐 깔린다. 그 위에 흙을 덮으면 마무리가 됐다.

이렇게 놓인 섶다리는 강으로 인해 갈라진 마을과 마을을 이어주는 유일한 통로요 길이었다. 다리 위로는 연실 소통의 언어가 넘나들었고, 고단한 산촌의 삶을 이어가는 양식이며 필요한 물품이 건너다녔다. 하얗게 달빛이 부서지는 밤이면 흐르는 물에 흠뻑 빠진 달이며, 별들은 흔들리면서도 어른거리는 빛으로 섶다리를 덮어주었다. 겨울이 되면 다릿발은 얼음덩어리를 주렁주렁 매달기도 했었다.

돌이켜보면 가정의 든든한 기둥이자 바람막이가 없던 우리 집이었다. 돌 지난 나를 두고 떠나간 아버지 사연을 열 살이 돼서야 어머니에게 들었다. 그날부터 섶다리는 만나서 누리는 기쁨보다 헤어지는 아픔과 아버지를 떠나보낸 슬픔이 각인된 다리가 되었다.

해거름이면 사립문 앞에서 섶다리를 멍하니 바라보며 서 있는 어깨가 축 처진 어머니를 가끔 볼 수가 있었다.

어느 작가는'어머니를 일찍 여의면 평생 슬프고, 아버지를 일찍 여의면 평생 외롭다'라고 했다. 그래서인지 나의 유년 시절은 항상 외롭고 풀이 죽어있었다.

같은 하늘 아래 살았지만 함께할 수 없었던 아버지. 가족을 버리고 매정하게 떠난 당신께서 추구하던 이상은 무엇이며, 재산을 다 바치고 얻은 것은 무엇인가. 집 떠나던 아버지 나이를 훌쩍 뛰어넘은 내 나이다. 젊을 땐 아버지가 몹시 원망스러웠지만 나도 아버지로 살다 보니 등에 진 짐이 얼마나 무거운지를 알 것만 같다. 잘하고 싶지만 실수를 하고 잘못도 하며 살아간다.

다리를 거닐어본다. 고향 사람들이 해마다 섶다리를 봄장마에 그냥 떠내려 보내듯 이제는 마음의 짐을 모두 털어버리기로 했다. '가족을 두고 다리를 건너던 아버지의 심경이 어떠했을까?'라는 생각도 거둬들이기로 했다. 제행무상이라 하지 않던가. 모두가 변하는데 움켜잡고 살아온 세월이 너무 길었다. 몇십 년간 꽁꽁 얼어붙었던 마음에 이제야 해빙이 찾아드는 것 같아 숨통이 트인다. 잘못된 선택이었지만, 분명 그래야만 했을 사연이 있었겠지 라고 믿고 싶다. 그동안 꼭꼭 걸어 잠갔던 마음의 빗장을 열어젖힌다. 쉬지 않고 끊임없이 흘러가는 강물을 바라본다. 서로의 몸을 부둥켜안은 채 다리를 강물에 담근 섶다리는 얼음장 밑으로 강물을 떠나보내며 내게 선인仙人의 언어로 일러주는 듯하다. '마음 편히 살려면 가슴의 응어리부터 흐르는 저 강물에 내려놓으라고.'

'그래 그래야지.'나는 두 눈을 감고 속삭이듯 중얼거린다.

"아버지! 아버지!"

다마스커스 칼

얼마나 맞고서야 명검이 되었을까. 합쳐질 수 없는 운명이 하나되어 새 생명이 탄생했다. 고통은 지옥을 넘나들 정도로 가혹했다. 완강한 거부는 불질에 누그러들었고 수많은 메질은 영혼의 결을 쇠에 새겼다.

칼에 문양이 있다. 그리거나 새겨 넣은 것은 아니다. 칼의 본질인 강하고 잘 드는 칼을 만들다 덤으로 얻은 문양이다. 어찌 보면 썰물이 자잘하게 그려놓은 갯벌의 결 같고, 달리 보면 노거수老巨樹의 고운 나뭇결 같다. 경이롭다. 문양 하나로 홀딱 빠져들게 하는 다마스커스 칼이다.

다큐 〈공감〉에서 잠깐 본 칼에 매료되어 대장간을 찾아 나섰다. 망치 소리가 가까워지자 가슴이 설렜다. 오래된 대장간이다. 화덕에서 솟구치는 불꽃은 강렬했으나 빛은 맑고도 깊었다. 농기구가 어수선한 낯선 풍경 안에서 한동안 구경꾼이 되어야 했다.

대장간 안은 망치 소리와 매캐한 불 냄새로 가득하다. 망치를 잡은 동생의 팔에도 쇳덩이를 잡은 형의 팔뚝에도 터질 듯 핏줄이 섰다.

이 일을 하기까지 형제는 수없이 부딪쳤다. 아버지의 혼이 깃든 대장간을 버릴 수 없어 혼자라도 하고야 말겠다는 형의 강력한 주장에 아우가 동참했다.

"이 일은 흥미를 못 느끼고 끈기가 없으면 힘들어 절대 못 해요." 라며 탄가루가 군데군데 묻은 얼굴에 하얀 이를 드러낸 형이 웃는다.

하나의 재료로는 만들 수 없다는 다마스커스 칼, 반 뼘 길이의 납작한 3개의 연강 도막과 4개의 고탄소강 도막은 용접으로 하나가 된다. 그런 쇳덩이는 달궈지고 수백 번의 메질을 견디며 하나가 아니었다는 처음의 기억을 모두 지워야 한다.

달궈서 늘려진 쇳덩이 가운데를 끊어지지 않을 만큼 남기고 자른다. 내리치는 망치의 힘 조절을 잘못하면 쇠는 영락없이 두 동강이 난다. 겹쳐질 쇠에 붕사가 뿌려진다. 붕사가 녹으며 흘리는 것은 굴복하는 쇳덩이의 눈물이다. 접힐 때마다 쇠의 강도는 높아지고 문양은 안으로 품었다.

달아오른 쇠를 새끼줄처럼 비틀자 감쌌던 산화물을 모두 털어낸다. 붉은빛이 더 선명하다. 또다시 메질이다. 다시 늘리고 잘리며 접 쇠가 된다. 이렇게 여덟 번을 반복하고 나서야 진정한 합일에 이른다.

맞을수록 단단해지는 게 쇠다. 칼의 형체를 그라인더로 다듬으며 날을 세운다. 튕겨 나가는 불꽃이 밤하늘을 밝히는 폭죽 같다. 거무죽죽한 표피를 벗겨내고 화덕에서 달궈진 칼이 기름통으로 빠져든다.

숫돌에 문지르며 날을 세운다. 날이 선 칼날을 엄지손가락으로 확인한다. 그때만 해도 칼은 기대치에 못 미쳤다. 대장장이는 옆에 있던 특수 세정제 통에 칼을 푹 담근다. 긴장한 채 몇 분이 지나고 통에서 꺼낸 칼을 흐르는 물로 씻어내자 선명하게 문양이 드러난다. 마술 같다. 탄성이 절로 나온다. 번쩍이는 칼에 새겨진 결이 절묘하다.

중세 시대 명검을 제조했던 곳이 중동의 다마스커스(Damascus)다. 모방은 쉽지만 발명의 길은 험난하고도 요원하다. 철강 산업이 발전한 오늘날 성분 분석은 마쳤으나 완벽하게 복원할 수 없는 명검을 만들었던 선인先人에게 경의를 표하고 싶다.

강했지만 부러지지 않았다. 휘었지만 금방 복원이 됐고 절삭력은 타의 추종을 불허할 정도로 탁월했다. 이런 조건을 모두 갖추고 십자군 전투에서 단칼에 상대의 갑옷을 베고 칼을 부러뜨렸던 다마스커스 칼이다.

명검이 되기 위해 장인의 망치질에 비워냄과 순종으로 쇠의 마음에 품듯, 인간도 각자의 환경과 살아온 내력만큼의 궤적을 남기는 것 같다. 잘 갈고 닦은 수련의 정도에 따라 찬란하게 빛이 날 수도, 즐거움과 편안함을 추구하다 평범한 생을 마칠 수도 있다.

이순의 고개를 넘어 돌아보니 관계의 틀 안에서 수천 번도 더 부딪혔다. 그럴 때마다 맞고 겹쳐지고 뒤틀리며 치열하게 살아야 했는데 견디지 못했다. 그러면서도 '이 정도면 괜찮아.'라고 적당히 타협을 하며 잘될 거라는 섣부른 예측도 했었다. 이제야 어찌 살아야 할지 조금은 알 것 같다.

구도자의 수행으로 오묘한 결까지 품은 명검을 넘보는 건 언감생심이다. 지금의 내 모습은 무르고 무디지만, 그렇다고 안타까워할 필요도 없다. 빛나는 삶이 반드시 좋은 것도 아니다. 주어진 삶을 순명으로 받아들이며 어떤 사람에게는 보탬이 되고, 누군가에게는 꼭 필요한 사람으로 사는 것도 대자연의 섭리인 것을.

재

피하고 싶지만 그럴 수 없다. 반드시 극복해야 할 대상이다. 겹겹이 쌓인 산허리 중에 그나마 쉬운 곳에 길을 냈으나 편히 갈 수 있는 것은 아니다. 몇 굽이 돌고 돌아 가쁜 숨 몰아쉬며 가풀막을 힘겹게 올라야 넘을 수 있다.

재를 처음 넘어 본 것은 초등학교 2학년 초, 설구산에 온통 붉은 꽃물이 들었던 시기였다. 어머니 손을 잡고 타박타박 걸었다. 노산의 늦둥이로 태어나 체구는 작고 병약해 두 번의 강을 건너고 재를 넘는 십 리 장터를 다녀오는 것은 무리였다. 소풍을 앞두고 옷이랑 신발을 사준다는 달곰한 유혹이 없었다면 재를 오르다 벌렁 드러누웠을 일이다.

기억 속의 주치재는 높기만 했다. 그런데도 이 재를 넘어야 영월이나 제천, 원주를 갈 수 있었고 주천 중학교는 물론 장터에 가느라 곡식을 이고 진 사람도 우시장으로 끌려가는 소도 큰 망울에 눈물을 흘리며 재를 넘어야 했다.

집에서 반 마장 거리에 있던 주치재는 슬픔의 고갯마루였다. 능선에 재를 내준 설구산에는 전쟁의 상흔으로 녹슨 총열과 누군가의 가슴에 대못을 박았을 유골이 나물 뜯는 어머니를 따라간 내 눈에 띄기도 했었다. 가족을 두고 전답에 집까지 팔은 내 아버지가 별빛으로 길을 가늠하고 넘었고, 원망스러운 가장이 팔아넘긴 집을 이 악물고 되찾은 어머니가 큰 자식의 빚 청산으로 넘기고 옷 보따리 하나 달랑 이고 눈물을 밟으며 넘은 서러운 고개였다.

경사진 재를 오르느라 숨소리가 거칠어질 무렵 왼쪽으로 돌아가는 길에는 들기름에 볶은 소금을 안주로 두어 번의 막걸리 주전자를 비웠을 불혹의 상진이 아버지가 트럭 적재함에서 떨어져 이승을 하직한 곳이라 동네 사람들은 지나칠 때마다 불귀의 그를 떠올려야만 했다.

오르내릴 때 많은 사람을 힘들게 했던 주치재는 장터나 학교 갈 때는 희망으로 넘었고 해거름 귀갓길의 재는 반겨줄 가족이 있었기에 수월하게 넘었던 것 같다.

그 높고 힘들었던 재를 세월이 분칠한 금이 얼굴에 그어지고 희끗희끗한 머리카락을 숨길 수 없는 나이에 차로 재를 올라보니 아주 조그만 언덕에 지나지 않았다.

이만큼 살아보니 눈에 보이는 물상의 재는 다소 시간이 걸리고 고통스럽긴 하지만 견뎌내면 넘을 수 있었다. 하지만 바닷물 속에 꼭꼭 숨었다 썰물 때 불쑥 내미는 여 같은 재가 곤혹스러웠고, 더 넘기 어려운 것은 무엇으로도 감지할 수 없는 재가 가혹하리만큼 괴롭혔다. 한 치 앞을 가늠할 수 없는 안개 속 같아 얼마나 더 올라가야 하는지, 몇 굽이를 더 돌고 돌아야 하는지 알 수 없었기에 답답한 가슴을 치기도 했고 때로는 너무 고단해 그만 가고 싶다는 생각을 한 적도 있었다.

넘어야 할 재는 사람에게도 분명히 있었다. 사람은 본질적으로 돈과 힘을 가진 곳에 몰리게 되며 일부는 그것에 얹혀 도움을 받거나 잇속을 챙기려 들기도 한다. 그런 속내가 있기에 오랫동안 함께해 잘 안다며 달려들었다 된통 곤욕을 치르기도 했었다. 그런 경험을 통해 비친 나를 돌아본다. 나 역시 잘 가고 있는 누군가의 걸림돌이 되거나 행짜를 부려 힘들게 만든 재로 기억되지는 않았는지.

걸어서 넘었던 현상의 재는 문명의 이기로 쉽게 넘을 수 있지만, 인생길에서 느닷없이 나타나 발을 걸거나 그 자리에 기어코 주저앉히려 드는 운명 같은 재를 넘는 것은 도를 닦는 듯한 수련이었다. 가는 길 막아섰던 재로 더러는 돌아가기도 했고 쉬어가느라 더디기는 했지만 그로 인해 세상을 바라보는 눈도 깊어졌고 성찰을 통한 내적 성장도 이룰 수 있었다.

이순 중반에 돌아보니 겪었던 모든 재가 마냥 힘겹게만 한 건 아니었다. 피가 뜨거워 세상이 뭔지도 모르고 날뛸 시기에는 속도를 줄이고 진중하라는 의미와 잠시 멈추고 성찰하라는 속 깊은 메시지였다. 수없이 넘어온 재를 넘는 힘듦으로 평지의 고마움과 진정한 편안함을 맛보게 되었고 넘느라 극에 달하는 고통이 길고 클수록 맑은 영혼을 건질 수 있다는 이치도 터득하게 되었다.

아직 넘어야 할 높고 험준한 재가 남아있을 것 같다. 쉽게 넘었던 재도 없었고 높다고 넘지 못한 재도 없었으니 서두를 이유 없다.

무릎에 대하여

충직하다. 어디든 그가 앞장서야 갈 수가 있다. 무슨 업보를 지었기에 평생 무거운 체중을 짊어져야 한다. 손과 입이 저지른 잘못도 무릎이 꿇어야 한다. 더는 몸을 낮출 수 없는 오체투지도 그가 구부려야 가능한 일이다.

신장의 삼 분의 일쯤 다리 양쪽에 자리 잡았다. 강력한 전후십자인대, 측면 인대와 근육이 연결되고 마찰과 충격을 완화하는 연골이 슬개골과 대퇴골, 경골을 감싼 모양새다. 진중하고 점잖다. 거부도 모른다. 부당하면 투덜대기라도 하련만 그럴 줄도 모른다.

뒤로는 뒤꿈치와 궁둥이가 닿도록 굽혀지지만 좌우는 조금만 틀어져도 탈이 나는 것도 이곳이요, 갓난아이의 배밀이가 끝나면 고달파지는 것도 무릎이며, 눈이 보고 뇌가 명령한 대로 움직여야 한다. 인간이 느끼는 최상의 쾌락도 남녀 간 무릎이 겹쳐져야만 한다. 뜻하지 않은 부상으로 설사 발목을 잃어도 무릎이 있으면 걸을 수도, 달릴 수도 있다는 걸 의족 스프린터로 확인했다.

연말연시가 되고 명절이면 수많은 문자가 날아든다. 빠지지 않는 것은 '건강하라'는 덕담이다. 건강해지고 싶지 않은 사람이 어디 있을까. 아프지 않고 살기를 원하는 것도 욕심이지만 정작 많은 이들은 건강을 위해 절제된 음식 섭취와 꾸준히 운동하는 것을 외면한다.

사무실 건너 아파트 뒤에는 각종 운동기구가 설치돼 있고 걷기 전용 인도가 있다. 이곳을 이용해 운동하는 사람 중에는 뚱뚱한 몸으로 줄넘기와 달리기를 하는 것을 보면 얻는 것만 염두에 두고 잃는 것은 모르는 것 같아 안타깝다. 충격을 받은 무릎연골은 쉽게 손상되기 마련이다. 근육이나 머리는 쓰면 쓸수록 발달하는 데 비해 무릎연골은 한번 닳거나 손상되면 재생이 안 된다고 한다.

나이가 들면 권장하는 운동이 있다. 허리 강화와 하체를 단련시키는 운동이다. 허리 운동은 오랫동안 해온 터라 하체 운동을 위해 팔짱을 끼고 앉았다 일어서기를 했다. 몇 번 하지도 않았는데 "뚝뚝" 거리며 무릎이 이상 신호를 보내온다. 언제까지나 충직한 일꾼으로 남아있을 줄 알았는데 착각이었나 보다. 운동이라는 달착지근한 약으로 살살 달래며 살아야 할 것 같다.

손상돼도 통증을 느낄 수 없는 침묵의 장기인 간처럼 다 닳아 뼈가 서로 닿기 전까지 무릎연골은 아무런 신호도 보내지 않는다. 얼마큼 닳았는지 얼마나 더 쓸 수 있는지를 가늠할 수가 없는 게 무릎이다. 그런 줄도 모르고 지리산, 설악산을 종주하고 전국 100대 명산을 찾아 등산하고 조깅에 마라톤까지 뛰며 무릎을 혹사했던 무모함을 이제야 느낀다. 돌아보면 함께할 때는 모르다 미욱하게도 잃고 나서야 그 소중함을 알고 후회를 하곤 한다.

빛바랜 유모차에 몸을 의지해 힘겹게 걷는 등 굽은 할머니의 뒷모습을 한동안 바라본다. 활처럼 휜 다리 사이를 스치는 바람이 헐렁한 바짓가랑이를 흔들어댄다. 지나온 삶이 내 어머니만큼이나 고단했을 것 같아 가슴이 짠해 온다.

기억 속에 어머니 무릎은 온통 벌집이었다. 다섯 가족의 생계를 당신의 무릎에 온통 짊어져야 했던 어머니. 일찍 찾아온 퇴행성관절염을 치료하려고 약쑥을 비벼 손수 뜸을 떴다. 심한 화상으로 곪은 상처에는 고름이 줄줄 흘러내리기도 했다. 빤한 틈 없이 번들거리던 뜸 자국이 난 어머니 무릎은 고난의 흔적이요, 희생의 증거였기에 반세기가 지났어도 잊을 수가 없다.

늘어나는 수명으로 무릎이 아프다는 여성이 많다. 남성보다 근육이 적은 여성은 묘하게도 안으로 조여 주는 근육에 비해 밖으로 당겨주는 근육의 퇴화는 늦단다. 그러다 보니 앉으면 자연스레 벌어지는 다리요, 일어서면 휘어지는 다리가 된다. 퇴행성관절염으로 가는 길이다. 쪼그려 앉아 일하고 빨래와 청소하느라 연골이 닳고 손상돼 아프니 딱하지만 도리가 없다. 요즘은 의술의 발달로 뼈를 깎고 구멍을 뚫어 인공관절을 넣는 수술을 일부 하기도 하지만 고비용에 수술 후의 고통도 만만치 않다.

인생 100세 시대라지만 생과 사는 천명이며 우주의 관점에서 본다면 반짝 빛을 내고 사라지는 존재다. 그 짧은 동안 부와 권력 명예와 무병장수를 탐하느라 정작 자신을 구하지 못하는 게 인간이지 않은가.

몸을 불편하게 하는 것이 사는 길이고, 안락과 편함을 추구하면 뼈와 근육을 약하게 만드는 길임을 이순에 들어서야 깨닫는다. 아무리 오장육부가 건강한들 무릎이 무너지면 문밖출입은 물론이요, 화장실조차 의지대로 갈 수 없다. 의자에 앉거나 누워야만 겨우 쉴 수 있는 무릎, 여태 걸어온 길도 멀리 왔지만 아직 가야 할 곳도 많다. 미안하고 고맙지만 마음먹으면 군소리 없이 나서는 무릎이 있기에 나는 오늘도 훌쩍 떠나는 꿈을 꾼다.

옴살

그녀의 치맛자락은 언제나 갯내를 몰고 다녔다. 가을걷이가 끝나면 오일장을 다녀가듯 우리 동네를 찾았다. 낡은 주황색 스웨터는 고단함을 대변하듯 땟국으로 반질반질했고 고샅을 휩쓸고 다니는 치마와 고무신은 늘 까맸다.

저녁연기가 오를 무렵, "성~님" 하면서 싸리비 자국이 선명한 마당에 발자국을 꾹꾹 찍으며 생선을 이고 들어섰다. 친정 동생처럼 어머니는 반겼지만, 나는 눈살을 찌푸렸다. 당신은 얼른 갈아입을 옷 한 벌을 그녀에게 내주었다. 냄새는 옷에서만 나는 게 아니었다. 비누로 몇 번을 씻어도 손만 움직이면 비린내가 나비처럼 폴폴 날아다녔다.

천명에 들어선 어머니보다 서너 살 아래지만 커다란 키에 이목구비가 또렷하고 붙임성도 좋았다. 장소 불문하고 넉살 좋은 그녀가 쏟아내는 우스개는 삐져서 입 내민 사람조차 배 잡게 만들었다. 허풍이야 양념으로 솔솔 치지만 금기가 있었다. 낭보는 이 동네 저 동네 못자리판에 볍씨 뿌리듯 하지만 남의 흉은 절대 보지 않았다.

처음부터 어머니가 옆을 내주지는 않았다. 수없이 드나들며 풀어놓던 가슴 아픈 사연으로 철옹성 같은 마음에 틈이 생겼고 측은지심이 들고서야 성격도 차림새도 털털한 그에게 당신 곁을 내주셨다.

장터가 있는 주천에 집이 있지만 해 짧은 겨울이면 한 달에 서너 번은 우리 집에서 묵었다. 술만 마시면 패악을 일삼다 코흘리개 형제와 시모를 남기고 저승길로 떠난 남편을 원망할 새도 없이 생선을 잡아야 했다. 동네 사람들은 그녀를 새우젓 장사라 불렀다.

재 넘고 강 건너 집을 찾는 것도 힘들지만 생선과 바꾼 곡식이 골 빠지게 했다. 쌀은 언감생심, 십중팔구 콩팥이지만 싼 강냉이를 내놓는 집도 많아 처음에 이고 나섰던 생선보다 곡식이 곱절은 무거웠다. 전쟁의 포성이 멈춘 지 3년, 가장이 있어도 살기 힘든 시기에 홀어미의 애옥살이가 힘들고 고달프긴 그녀나 내 어머니나 매한가지였다.

마흔 하나에 둔 초등학생 아들과 사는 우리 집에 그녀가 묵는 날은 야경꾼의 방망이 소리가 몇 차례 들릴 때까지 이야기는 이어졌고 문풍지 소리에 놀란 호롱불만 저 혼자 간당거리며 춤을 추었다.

가족을 두고 집까지 팔아 떠나간 아버지와 술주정뱅이 아내로 견뎌낸 애환이 쌓인 만큼 나눌 이야기도 많았다. 꼭꼭 쟁였다 풀어 놓는 보따리라 그칠 줄을 몰랐다. 대부분 소곤대다 웃곤 했지만, 호롱불마저 꺼버린 어떤 날은 누군가의 등을 도닥이는 소리와 훌쩍이는 소리도 들어야 했다.

두 분의 오랜 외로움의 본질은 밉지만 그립다는 것이다. 겉으로는 태연했지만 그녀의 돌아올 수 없는 가장과 돌배기 늦둥이와 당신을 버리고 떠났지만 돌아올 수도 있는 가장을 기다리며 견뎌낸 내공으로 서로를 보듬을 수 있었다.

그녀가 우리 집에 묵는 횟수가 늘어날수록 고맙게 느껴지고 방문이 기다려지는 건 눈깔사탕 몇 개와 대가리가 없거나 창자를 꾸역꾸역 내민 생선 한두 마리를 얻음이 아니라 고단한 몸으로 밤늦도록 이야기를 나눈 두 분의 밝은 낯빛 때문이었다.

반세기가 훌쩍 지나 돌아보니 경위 바르고 정갈한 어머니가 비린내 풍기고 땟국이 흐르는 그녀를 피붙이처럼 아끼고 반기던 이유를 알 것 같다. 같은 홀어미로 가장에게 받은 치유하기 힘든 깊은 상처가 두 사람을 잇는 끈이 되었다. 한솥밥 먹고 한 이불속에서 잤다. 잠자리에서 나눴던 수많은 이야기는 상처 치유의 강한 처방이었다.

켜켜이 쌓였던 상처를 하나 숨김없이 모두 토해냈다. 막혔던 길이 뚫렸다. 통한 마음으로 도닥이고 정 나누며 보낸 세월이 홀어미로 험한 세상 살아갈 힘을 얻는 원천이 된 셈이었다.

사람에게 받은 상처는 사람을 통해 치유해야만 했다. 가장 때문에 무너져 내린 가슴이라 더 그랬다. 어머니에게 그녀만큼, 그녀에게 어머니만큼 가까운 사람도, 오랫동안 속정을 주고받은 사람도 없었다. 끈끈하고 도타웠고 서로 입안의 혀처럼 지냈기에 동네 아낙들 모두 부러워했던 옴살이었다.

어떻게 되찾은 집인데 무슨 일 있어도 팔면 안 된다고 애원하던 그녀와 빚더미에 올라앉은 자식 때문에 집을 팔아버린 어머니가 함께한 마지막 밤, 두 분은 가장 슬프고 애끊는 밤을 보내야 했었다.

고향을 떠나는 날, 안방 문은 해가 중천에 걸리도록 열리지를 않았다.

*옴살 : 매우 친밀하고 가까운 사이

요선암遙仙岩

바위도 늙는다. 산촌의 분교 운동장만 한 암반이 강바닥에 통째로 드러누웠다. 단단했던 바위는 제 몸 곳곳을 내줬다. 물이라 가벼이 여긴 대가로 갈리고 파여 모난 구석이라곤 없다. 어떤 곳은 포탄이 떨어진 곳처럼 움푹 파였다. 형상도 제각각이다.

이곳을 제대로 느끼려면 장마가 끝난 초가을이 좋다. 장마는 잃는 것도 많지만 강의 자정효과도 크다. 강바닥을 뒤집어 이끼와 물때로 덥힌 강을 자갈과 모래로 하얗게 벗겨낸다. 이렇게 단장을 끝낸 요선암이 반길 것이다.

요선암은 초입에서 멀거니 바라보거나 서두르면 제 맛을 느낄 수 없다. 공들여 꼼꼼히 살피며 느껴야 한다. 가능하다면 강 안쪽으로 들어가는 게 좋다. 강물에 반쯤 잠기고 조망하기 좋은 데다 돌개구멍으로 물이 휘돌아 나가는 곳이면 안성맞춤이다. 잘 닦여 있으니 편안하게 걸터앉아도 옷을 버릴 염려는 없다. 햇살에 적당히 달궈진 바위는 군불 땐 아랫목처럼 따뜻하다. 운이 좋으면 여울 타기를 즐기는 옆줄무늬가 산뜻한 쉬리와 도톰한 주둥이를 가진 돌고기도 만날 수 있다.

돌개구멍을 돌아나가는 강물은 소리도 모양도 수시로 바꾼다. 잠시 멈추지도 않고 꽁지깃을 까불거리는 물새 소리와 변화무쌍한 강물 소리를 곁들이면 어디에서도 들을 수 없는 자연의 오케스트라를 감상하는 셈이다. 때맞춰 두둥실 떠가는 한 점의 구름이 있다면 금상첨화다. 하늘을 품은 강물로 하얗게 분칠하고 단장한 요선암은 그야말로 내 고향 무릉도원의 백미다.

남한강 상류인 주천강은 겨울이면 숨죽이고 깊은 잠을 잔다. 해동이 되고 갯버들이 이파리를 틔우면 고요하기만 할 것 같은 강물 속은 자연의 섭리에 순응하는 몸짓이 시작된다. 새 생명을 키워내기 위해 산란으로 부산한 강바닥은 미끈거리는 누런 이끼와 물때로 사람의 발도 못 붙이게 한다. 이처럼 순환하는 자연의 법칙은 철저하고도 무섭다.

마냥 부드럽게 타고 넘으며 소리 없이 흘러가는 강물인 줄 알지만 그게 아니다. 무장한 세월 동안 쉬지 않고 흐르는 강물은 연중 두세 번은 광풍이 휘몰아치듯 성난 물살을 만들어낸다. 거센 물살은 앞을 막아서는 바위에 맞서 휘감는 와류를 만들어 자갈과 모래로 굴리고 문지르며 저리도 움푹 파놓았다. 물길을 거부하면 거부할수록 그 응징은 무서웠다. 드러난 부분은 둥글게 갈아댔고 급히 물살이 떨어지는 곳은 더 오목하게 파놓았다.

바라보는 각도와 위치에 따라 달리 보이는 요선암, 보는 이의 감성이 풍부할수록 맺히는 상도 풍성하다. 이곳의 큰 매력이다. 마치 뽀얀 가슴과 속살을 드러내고 비스듬히 누운 르누아르의 〈목욕하는 여인〉도 볼 수 있다. 남정네의 마음을 뒤흔드는 나부의 모습, 바위에 올라와 휴식을 취하는 물개, 쉬지 않고 기어가는 거북이의 모습도 보인다.

돌개구멍이 곳곳에 자리한 천연기념물인 무릉리 요선암은 볼수록 푹 빠진다. 여기저기를 둘러보면 인간이 도저히 흉내 낼 수 없는 자연의 조각품에 놀라게 된다. 오죽하면 조선 중기 봉래 양사언이 평창군수로 재임 당시 이곳의 빼어난 경치에 반해 요선암邀仙岩이라 새겼다고 한다.

그날의 일기와 시간대에 따라 달리 보이고 계절과 흐르는 강물의 수위에 따라 더욱 다르게 보이는 곳, 그 너른 암반 위에 멋스러운 자연의 예술품이 연중 휴관 없이 전시된 천연박물관이 돌개구멍을 품은 요선암이다.

나그네의 발길을 쉬 돌리지 못하게 하는 마력이 넓은 암반에 있다. 풍류를 즐기라는 유혹이다. 아무리 속도와 계산이 지배하는 각박한 세상이라 할지라도 마음 한 자락 깔 여유만 있다면 즐길 수 있는 일이다. 살랑거리는 바람과 흘러가는 강물에 마음자락을 내려놓고 자연과 하나 됨이 풍류일 것이다.

살면서 멍들지 않은 가슴이 있던가, 생을 포기하고 싶도록 흔들리기도 했고, 고단한 생에 맞서다 푹 파인 가슴이 되기도 했다. 자연에 순응하며 순리대로 산다는 것 그래야 한다고는 믿으나 실행은 어렵다. 내려놓을 수 없는 무거운 짐을 지고 있을 때 대못 하나 가슴에 박고 살 때 사는 게 시큰둥할 때, 자연과 더불어 풍류를 느끼고 싶을 때면 내가 그랬듯 요선암을 찾아 무아의 경지에 빠져보라 권하고 싶다. 머무는 시간만큼은 신선이 따로 없다.

마음을 메우다

홀로 지낸 다섯 해보다 병구완하던 스물다섯 해가 낫다고 한다. 입이 짧아 비루먹은 개마저 치우고 나니 사람이 더 그리운데, 자식들은 저 살기 바쁘다며 외면한다. 한 달이 다르게 굳어가는 아픔을 겪는다. 찾아올 사람 없고 가야 할 곳 없으니 날만 저물면 문을 걸어 잠근다. 유일한 낙은 성경을 읽고 자손을 위해 기도하는 시간이다.

늙은 사람을 참담하게 만드는 것은 남이 아닌 자식이다. 이유야 있다지만, 이해하기는 어려웠다. 기껏해야 연중 두어 번 다녀가는 집이다. 대처에 사는 자식들이 모두 올 거라 믿었던 당신은 깜빡거리는 정신으로 눈에 띄고 생각나는 대로 새끼들 입에 들어갈 것을 준비했는데 정작 눈에 띄어야 할 자식들이 안 보이자 몹시 실망했다.

좌불안석인 당신 심정을 알 것 같다. 긴 기다림이 허사가 된 부모 마음을 나 역시 처음으로 겪었다. 연구 중인 프로젝트의 일정상 근무를 해야 한다는 며느리의 전화를 받고 혼란스러웠다. 쌓이는 스트레스와 피로가 걱정되면서도 내심 서운했다. 내 자식은 절대 안 그럴 것이라는 믿음이 깨지니 긴 가뭄의 논바닥처럼 마음이 갈라졌다.

유학 중인 딸을 보러 일본에 간 처남이야 그렇다 치고, 지근에 본가를 둔 동서 가족이 보이질 않았다. 다른 자식보다 사근사근하게 전화로 안부를 전하던 공로연수 중인 그가 명절을 쇠러 오지 않은 것은 간단히 해결될 문제가 아님을 당신은 아셨다.

"지들이 살든 갈라서든 난 모르네만 오 서방은 내 가슴속에 있어."

오죽하면 저런 말씀을 하실까. 가슴이 저렸다. 저 속내를 동서 내외가 알기나 할까. 비록 속이야 곪을 지경이라도 다녀갔으면 좋으련만 안다까웠나.

동서가 맏이인 본가 분위기는 더 심각할 것 같다. 퇴직을 앞둔 시점이라 예민해진 부부가 자주 부딪치는가 보다. 얼마 전 당사자와 긴 통화를 했지만 묘안이 없었다.

직장에 다닐 때 일본 출장을 많이 다녔다. 업무와 밀접한 일본어를 공부하면서 그들의 의식구조를 알게 되었다. 그들도 싸웠다. 다만 남에게 폐를 끼치지 않게 싸우다 방문객이 오면 아무 일 없다는 듯 맞이하고 돌아간 후에 다시 싸우는 걸 알았다. 양면은 있지만 격앙된 감정을 그대로 얼굴에 드러내는 우리보다 낫다고 생각했다.

돌아보면 성급하게 저지르고 후회한 적이 많았다. 판단오류로 대소 완급의 순위가 잘못 매겨지거나 가까운 관계를 소홀히 한 경우였다. 후회하지 않는 삶을 살 수는 없다. 다만 적게 하도록 노력하는 게 지혜롭다고 생각한다.

여기저기 금이 가고 깨진 콘크리트 마당을 거닐다 보니 심란했다. 그냥 둘 수가 없다. 명절이지만 마침 문을 연 가게가 있다. 미장용 시멘트 12포를 샀다. 작지만 묵직했다. 망치로 마당을 깨고 시멘트를 들어내니 흙바닥이 울퉁불퉁하다. 시멘트가 비교적 얇은 곳이 더 깨지고 갈라졌다. 삽으로 바닥을 더 파낸 다음 고르고 발로 밟았다.

"이거 자네 혼자 못 햐. 나가 얼릉 사람을 구해 올랑게 쉬고 있으랑게."

큰사위가 안쓰러워하시는 말씀이지만 만류했다. 시멘트에 물을 부어 반죽하면서 당신의 태산 같은 근심이 기우이길 바라고, 사소한 것들에 부딪히는 마음이 수그러들었으면 하는 내 염원을 함께 넣어 비볐다. 사람 간의 갈등이 쉽게 해소되지 않듯 처음에는 잘 섞이지 않았다. 오래 삽으로 뒤집으며 비볐다.

깨진 마당을 바르는 것은 단순하게 시멘트를 채우고 바르는 작업이 아니었다. 늙어가는 것만으로도 아프고 외로운 당신을 위무해드리고, 분란으로 갈라진 마음의 틈을 메우는 일이다. 잘 섞인 시멘트를 바닥에 붓고 각목으로 폈다. 도톰하게 채워진 시멘트를 흙손으로 몇 번을 밀고 당기며 매끈하게 다듬으며 정성을 다했다. 물기 어린 바닥에는 내려오지 못한 얼굴이 비치는 것 같다. 미안한 표정이다.

한나절이 돼서야 일이 끝났다. 발라놓은 마당을 누가 밟을세라 사방으로 나무막대를 걸쳐놓았다. 메워놓은 마음에도 다시 상처가 나지 않도록 튼튼한 보호막을 씌웠다. 어려운 숙제를 마친 듯 개운했다. 굳어 있던 장모님 얼굴에 비로소 환한 웃음꽃이 폈다.

"마당을 봉께 나가 아주 기분이 존네. 우리 큰 사우 고상했고마."

고달팠던 내 노동은 갈라진 마음 메우기였다.

선방의 죽비 소리

장마철에 맑은 날을 기대한 게 무리였다. 쏟아지는 빗줄기를 잘게 부수며 내달리는 차 안에서 몸도 마음도 흔들리고 있다. 꼭 가야만 하나 버리고 얻음은 무엇이며 내 안에 있는 또 다른 나를 찾을 수는 있을까. 한번 해보고 싶다는 생각에 신청했지만 두려움뿐이다.

차창을 스쳐 가는 경관이 눈에 들어오지 않는다. 눈을 감아보지만 잠은 멀리서 서성이고 온갖 사념만 무성하게 춤을 춘다. 단양을 지나 도착한 곳은 황정산 자락의 대흥 선원이다. 선원의 앞산은 승천하는 용의 모습으로 하얀 물줄기를 거세게 흘려보내고 있다. 아무리 봐도 폭포를 이룰만한 산은 아닌 듯했다. 암반으로 덮인 야트막한 산은 쏟아져 내리는 빗물도 담아내지 못하고 요란스레 토해내고 있다.

비는 그쳤지만 먹빛 구름은 둘러쳐진 산봉우리에 걸려있다. 그런 광경도 잠시 하얀 운무가 산을 감싼다. 산정을 향해 날아오르다 허리를 감기도 하고 옆으로 퍼지는가 하면 어느새 달려들어 산을 덮어버리기도 했다. 비가 그친 후에 펼쳐지는 운무의 향연은 기획되지 않은 즉석 공연 같다. 예상치 않은 변화무쌍한 풍광으로 아름다움을 뽐내기도 한다.

어찌 보면 운무는 인생의 축소판인 듯 잠시도 머물지 못하고 무시로 변하는 모습을 보여준다. 인간의 마음이 그러하질 않던가, 하루에도 수없이 바뀌는 실체도 없는 두 개의 마음에 몸은 늘 끌려가듯 살아간다. 그런 인간의 본질에서 나를 찾아 나선 초심 불자의 각오는 비장했다.

스님의 낭랑한 독경 소리가 산사의 어둠을 밀어낸다. 속세의 더럽혀진 마음을 씻어내고 부처님 말씀에 귀의하려는 저녁 예불이 끝나자, 인생의 근본 뿌리를 찾는 참선으로 이어진다. 별빛도 숨어버린 선방에는 촛불을 찾아 날아든 나방들의 날갯짓이 분주하다.

스님의 짧은 강의에 이어 입선을 알리는 죽비 소리에 반가부좌를 하고도 좌불안석이다. 늘 편안함에 길들여진 몸은 십 분도 안 돼 저리고 당기는 무릎을 움찔거리며 견딜 수 없음을 알려온다. 반쯤 내리뜬 눈으로 선방 안을 둘러본다. 미동도 않은 채 참선을 하는 도반들의 모습에서 닮아가는 부처를 보는 듯했다.

화두가 없는 사람은 숫자를 세라기에 작정하고 하나에서 열까지 세어보지만 의지와는 다르게 항상 중간에서 도돌이표를 찍고 있다. 도무지 집중되지 않는다. 스님 말씀은 번뇌가 많음이란다. 두 시간 내내 애를 써보았지만, 나를 찾는 첫 수행은 공염불이 된 셈이다.

칠흑 같은 밤 빗소리는 점점 목청을 돋우는데'쏙둑 쏙둑'새소리가 들린다. 1,080배를 앞둔 긴장의 순간에도 저 새는 무슨 사연이 있기에 깊은 밤에 울고 있을까. 시작을 알리는 죽비 소리와 함께 1,080배 고행이 시작되었다. '착'하는 죽비 소리는 오체투지의 절을 하라는 거절할 수 없는 명령이다. 매번 죽비 소리로 한 번의 절이 끝나는데, 염불하며 똑같이 절하는 스님의 죽비 소리는 시계처럼 정확하다. 땀이 흥건한 가사를 걸치고 납작 엎드려 절하는 뒷모습이 아름답게만 느껴지는 이유는 무엇일까.

온몸이 땀으로 젖고 부처님께 귀의하려는'석가모니불'소리는 점점 목 안으로 감겨든다. 절을 한 지 두 시간이 넘어서자 앉거나 서 있는 법우들이 늘어난다. 주저앉고 싶다는 생각이 들었지만 이내 도리질을 했다. 선방의 죽비 소리에 길들여진 지친 몸은 무념무상 상태로 엎드렸다 일어남을 반복했다. 몇십 년간을 높여서 살아온 육신을 혼신의 힘으로 낮춰본다. 이렇게 해서 지은 업장이 소멸하고 얼룩진 마음을 씻어내며 나를 낮출 수만 있다면 못할 게 없지 않은가.

흔들거리는 몸 흩어지려는 마음이 내리치는 죽비 소리에 제자리를 잡고 틀어 앉는다. 사찰의 범종 소리는 대중을 끌어모으고 지옥 중생의 죄업을 구하려는 공명이고, 두둥둥 울리는 법고는 세간의 중생을 제도하려는 소리란다. 선방에서'착'하고 들리는 단음의 죽비 소리는 중생의 흐트러지려는 심신을 일깨우는 것이리라.

긴 고행의 시간이 지나 심신을 가다듬고 바르게 서 보려 하지만 황정산을 기어오르던 운무같이 변해가는 내 모습을 느낀다. 수시로 변하는 게 마음이라 하거늘 어찌 얄팍한 신심으로 흔들리는 나를 바로 세울 수 있겠는가. 오욕칠정에 물든 마음이 건들거린다.

'착'어깨를 내리치는 죽비 소리에 흔들리던 마음이 곧추선다.

만만한 사람

"인상이 참 좋으시네요."

많이 들어본 인사다. 이런 말을 들으면 기분이 참으로 묘해진다. 칭찬 같지만 속내는 이 사람에게도 만만한 사람으로 보였다는 피해 의식 때문이다. 우리는 흔히 상대를 첫인상으로 분별한다. 0.5초도 안 되는 찰나에 동공에 착상돼 뇌로 인지되는 얼굴형상이다.

길이도 들쑥날쑥 제멋대로인 자신만의 잣대로 잠시 마주친 사람의 첫인상을 각양각색의 사람으로 판별한다. 한 번 각인된 첫인상의 이미지를 바꾸는 데는 최소한 몇 년이 흘러야 가능하다니 IT가 선도하는 정보화시대에 참으로 아이러니하다.

첫인상은 면접이나 남녀 간의 만남, 무시로 이뤄지는 일상적인 대면이나 비즈니스로 만나는 고객과의 조우에서도 커다란 비중을 차지한다. 취업을 앞두거나 결혼적령기에 들어선 젊은이들이 인상을 부드럽고 편안하며 아름답게 보이려는 성형은 날로 늘어나는 추세다. 오죽하면 의예과 지원자 중 성형외과 지원율이 단연 높다는 사실이다.

어디서 사람을 만나든 인상이 나쁘다는 말을 들어본 적은 별로 없다. 달리 보면 그만큼 속이 훤히 들여다보이는 편안하고 쉬운 상대라는 의미도 된다. 그래서인지 이런저런 부탁이 많다. 자잘한 것에서부터 들어주기 어려운 부탁까지도 서슴지 않는다. 이런 점을 악용해 감언이설로 꾀는 사기꾼들까지 있으니 매우 유감스러울 뿐이다.

태생이 남에게 해를 끼치지는 못하지만, 상대에게 당한 피해는 부지기수다. 이미 소소한 눈속임으로 수십 번은 속았고, 덩치 큰 부동산매매 사기도 당했다. 일이 있고 나면 다시는 당하지 않겠노라 마음을 다잡아보지만 얼마 되지 않아 비슷한 유형으로 또 당하고 만다.

몇 해 전, 믿는 도끼에 발등이 제대로 찍혔다. 믿었기에 의심을 할 수 없었다. 자주 밥도 먹으러 다니고 야유회도 함께하며 몇 해를 보냈던 사람들이다. 기가 막히게 좋은 물건이 나왔다며 하루 서너 차례 드나들며 졸랐다. 나중에는 책임지고 팔아주겠다는 이야기도 했다.

돈 냄새를 맡은 것일까. 두 아이 결혼 비용으로 만들어 놓은 돈이 있었다. 그때만 해도 큰아이가 군 복무 중이라 몇 해는 회전시켜도 좋았다.

그는 사놓기만 하면 금방 개발이 되고 개발되면 원금에 맞먹는 시세차익을 건질 수 있다고 했다. 철옹성 같은 내 마음도 물욕이 파고들자 서서히 빗장이 풀려가기 시작했다.

나중에 안 사실이지만 매매할 땅도 아닌 엉뚱한 곳을 보여주고 계약서를 쓰라고 했다. 그걸 믿고 속으로 곱하기 더하기만 했으니 얼마나 어리석고 한심한 일인가. 곧 개발된다던 땅은 지금도 감감무소식이다.

몇 번에 걸쳐 사놓은 땅 좀 한 번 보여 달라는 아내의 성화가 더욱 거세진다. 미루기만 해선 안 될 것 같다. 설 명절에 스마트폰을 이용해 눈 쌓인 과수원을 헤매다 겨우 찾았다. 안 찾은 것만 못했다. 축 처진 어깨로 차로 돌아오자 아내는 "찾았어요?"라며 묻는다. 궁색한 대답은 "못 찾겠네, 이걸로는." 이제와 누굴 탓하랴, 누가 봐도 만만한 사람으로 보인 데다 그럴싸한 미끼를 덥석 물었으니.

상대방은 진작 만만한 사람으로 파악하고 내가 쥔 패를 손금 읽듯 훤히 들여다봤는데 상대의 패를 전혀 알 길이 없었으니 속은 건 당연지사였다. 도망간 소를 기다려봐야 소용은 없지만 외양간이라도 고치겠다는 심정으로 관상학을 배우려고 평생교육원에 문의를 했다. 그 소식을 들은 한 지인은 더 한심하다는 듯 한마디 던진다.

"이봐, 요즘 사람들 관상 봐야 말짱 헛거여, 다 뜯어고쳐서

맞지도 않아, 게다가 자넨 사기를 친 사람이 몇 달만 기다렸다 나타나면 알아보지도 못하고 다시 당할걸."

맞는 말이다. 참으로 골고루 갖췄다. 만만한 사람으로 보이는 데다 마음도 약하다. 그러니 거절도 못한다. 사람을 못 알아보는 중증의 고질병은 한 달에 두어 번 찾는 고객조차도 알아보지 못 한다. 여성에겐 더 심하다. 고스톱을 치면 내 돈을 먼저 본 사람이 임자다. 앞으로도 20여 년은 더 살아야 하는데 정말 녹록지 않을 것 같다. 껍데기 없는 민달팽이처럼 위험에 노출돼 있으니.

만만한 사람으로 세상을 산다는 건 슬프고도 힘들다.

구리반지

신록의 향연이 펼쳐진 산하에 능선을 넘어선 한 줄기 바람이 하얀 찔레꽃 무리에 안긴다. 부끄러운 듯 몸을 흔드는 향기가 그윽하기만 하다. 아침 운동 삼아 오르는 부모산, 오늘따라 울어대는 뻐꾸기 소리가 구성지게 들려온다. 고즈넉한 산길 키다리가 되어버린 내 그림자를 앞세우고 휘적휘적 걷는다. 홀로 서두를 것 없이 유유히 걸으며 즐기는 이 시간이 행복하다.

자글거리는 5월의 햇살은 졸참나무 이파리 사이를 비집고 내려앉는다. 길옆에서 나물을 뜯는 장맛비에 드러난 소나무 뿌리 같은 할머니 손등에도 주름이 깊게 팬 얼굴에도. 순간 굼뜬 할머니의 손짓에 반짝이는 금반지가 눈에 들어왔다. 반지를 보자 늘 한쪽에 쌓아두었던 싸한 아픔이 가슴을 헤집는다.

반지는 영원한 사랑을 약속하는 결혼반지나 다른 결합의 상징으로 많은 사람에게 사랑받고 있다. 이런 반지를 나는 20년이 넘도록 낀 적이 없다. 아니 낄 수가 없었다. 가슴 깊숙이 박혀버린 그 아픈 모습을 지울 수가 없어 지금까지도 반지를 끼지 못한다.

갑작스레 어머니를 잃은 큰 슬픔에 눈물조차 흘리지 못했던 날이다. 손발을 만져보고 가슴 속에 손을 넣어봤다. 남아있는 온기로 좀처럼 어머니의 죽음을 받아들일 수 없었다. 그러나 시간이 흐르고, 점점 싸늘하게 굳어가는 팔다리를 만져보며 힘없이 고개를 떨어뜨려야 했다.

얼마나 시간이 흘렀을까, 염습을 하던 염사가 어머니의 양손을 배 위로 올려놓았다. 마디가 갈라진 손가락에는 광택을 잃은 구리반지가 끼워져 있다. 생전에 금붙이라곤 몸에 지녀본 적이 없던 어머니셨다.

손에 낀 빈지도 옆집 할머니의 금반지를 보고 만들어 드린 것이었다. 어머니는 막내아들이 만들어 준 반지를 끼고는 많이 기뻐하셨다. 비록 구리반지였지만 금반지보다 더 소중하게 아끼셨고 가끔 헝겊에 치약을 묻혀 닦으시곤 하셨다.

반지를 손가락에서 빼낸 염사는 수의囚衣로 감싼 어머니 가슴에 깊숙이 밀어 넣었다. 금반지도 아닌 구리반지를 가슴에 품고 먼 길을 떠나시게 한다는 게 가슴을 찢는 아픔으로 밀려

왔다.

어머니는 열세 살 어린 나이로 호랑이 같은 할아버지 손에 이끌려 강원도 두메산골에서 질기고도 고통스러운 삶의 뿌리를 내렸다. 내가 첫돌이 지날 무렵 그릇된 신앙으로 가족을 버리고 떠난 아버지를 원망할 새도 없이 홀로 사 남매를 키우느라 어머니는 날품을 팔고 지게를 져야 하는 고단한 몸이 되었다.

질곡의 삶이었기에 출가 후 40년이 지나 친정을 찾아간 것도 외할아버지 외할머니가 돌아가셨다는 전보를 받고 나서였다. 이런 어머니를 내 안에 가득한 욕심 때문에 구리반지를 가슴에 안고 가시게 했다. 이렇게 빨리 떠나실 줄 알았다면 짊어졌던 욕심을 내려놓고서라도 잘 해드렸을 텐데 때늦은 후회뿐이다.

좀 더 잘살게 되면 효도해야지 했던 생각도 다 부질없었다. 그렇게 되기도 어렵고 그것이 이루어지면 더 큰 욕심이 생긴다는 것도, 어머니가 돌아가시고 난 이후에 알게 되었다.

인간의 죽음이 슬프고 서러운 건 다시는 만날 수 없다는 사실이다. 알면서도 행하지 못한 주자십회훈'불효부모사후회不孝父母死後悔.'이 평범한 가르침이 가슴을 아프게 할 줄은 어머니 생전에는 미처 몰랐다.

지난해 봄 뜰 안의 자목련이 봉오리를 터트릴 무렵 아무도 없는 집에 도둑이 들었다. 속속들이 살림살이를 뒤진 도둑은 결혼예물과 애지중지하던 아내의 액세서리를 모두 가져갔다. 패물을 잃어버린 아내는 발을 구르며 몹시 아까워했다. 그런데 참 이상한 일이었다. 도둑을 맞았으니 당연히 속이 쓰리고 아파야 하지만 전혀 아깝지 않았다. 오히려 20년간 짊어졌던 무거운 짐을 내려놓은 듯 마음이 한결 가벼워졌다. 그런 마음에는 평생 금반지 하나도 못 해 드린 어머니에 대한 죄스러움과 끼지도 않고 장롱 서랍에 넣어두었던 반지라 그랬으리라.

어느 일요일이었다. 아내의 성화에 따라나선 백화점 쇼핑길. 유리 진열장에 가지런히 늘어선 반짝이는 반지들, 그 앞에서 두 발이 붙어버린 아내는 이것저것 고르며 채근하듯 내게 물어본다. 이게 좋으냐? 저게 좋으냐? 하지만 나는 선뜻 입이 떨어지질 않았다. 아마도 어머니 생전에 다하지 못한 효도 때문인 것 같았다. 그 순간 내 눈에는 어머니 가슴에 깊숙이 묻어놓은 푸르스름한 녹슨 구리반지만 어른거렸다.

2부

물돌이 마을

회룡포를 제대로 보려면 비룡산 전망대에 올라야 한다. 산은 야트막하지만 가풀막져 숨이 가쁘다. 회룡대에 올라서니 눈앞에 절경이 펼쳐진다. 마을을 휘돌아 흐르는 낙동강지류인 내성천이 둘러싼 동네, 불어난 물이 뽕뽕 다리를 넘치는 날엔 아슬아슬하게 남겨진 산길이 아니면 고립되는 한국 최고의 물돌이 마을. 예천의 회룡포는 자연이 선물한 곡선미의 극치를 이룬다.

어머니 품에 안긴 듯 편안하다. 유유히 흘러가는 강물과 포근하게 마을을 감싸 안은 넓은 백사장. 긴 띠를 이룬 갈대숲은 금방이라도 서걱대는 잎을 우수수 떨어뜨릴 것만 같다. 온기가 묻어나는 십여 채의 아담한 집. 금방이라도 부러질 것 같은 잘록한 산허리. 추수를 끝낸 허허로운 논과 수확하지 않은 배

추밭의 조화는 한 폭의 수채화 같다.

이토록 아름다운 섬 아닌 섬이 조선 시대에는 죄인들의 임시 귀양처요, 한국전 당시에는 피난처였다니 가슴이 먹먹하다. 역사의 소용돌이에서 소통과 단절이 반복되었던 회룡포 주민들의 생활은 더더욱 지난했을 것이다.

노곤한 삶을 살면서도 이곳에 뿌리를 내리고 대를 잇는 사람들은 어쩌면 굽이굽이 흘러가는 내성천의 물살을 닮았다는 생각이 든다. 때때로 물로 인해 고립되는 고단함 속에서도 회룡포의 역사를 이어가고 있으니 하는 말이다. 문득 고향 풍경이 겹쳐진다. 그곳에도 모래밭이 있었다. 하지만 농지를 만들기 위해 축조한 제방으로 백사장이 모두 사라졌다. 세상 이치는 하나를 얻으면 하나를 반드시 잃게 된다는 사실이다.

고향을 닮아서일까, 회룡포만 바라봐도 가슴이 따뜻하다. 객지에서 온 시동생을 위해 허리 굽은 사촌 형수가 끓여준 뜨끈한 시래깃국을 한 사발 먹고 난 느낌이다. 펄펄 끓는 사랑방 아랫목에 누워 낮잠 한숨자고 난 기분이다. 바쁘게 살아가는 도시에서는 내려놓고 싶어도 내려놓을 수 없었던 삶의 무게들이 어디론가 달아난 듯 몸도 마음도 편안하다. 회룡포는 신이 몸과 마음이 지친 나그네를 위해 준비해 놓은 선물인가 보다.

따뜻하게 맞아준 회룡포의 품에서 노년을 보내고 싶다. 마른 장작으로 군불을 지피고, 흐르는 강물과 백사장, 갈대를 벗

삼아 멋진 수필 한 편 완성할 수 있다면 더 이상 무슨 욕심을 부리겠는가.

구리거울

더 내려갈 수 없는 바닥이었다. 보이지도 들리지도 않았던. 뭔가 해야겠다는 생각은 들었지만 움직일 수가 없었다. 머릿속은 온통 '왜'라는 의문만 가득했고 흔들리는 정체성으로 방황했었다. 산다는 게 정말 힘겨웠고 입안으로 떠 넣는 밥조차 버거웠었다.

혈기왕성하던 시기 어디서든 열심히 하면 인정받을 거라던 내 생각이 틀렸다는 걸 느꼈다. 늘 성실하다는 말은 들었지만 대가는 미흡했다. 매년 승진대상자로 추천되었지만 연거푸 고배를 마셨다. 후배조차 앞서자 내게 문제가 있다는 걸 알았다. 하지만 나를 볼 수 없으니 문제를 알 수도 분석을 할 수도 없었다.

인정받고 싶은 욕구가 서운함으로 이어졌다. 속 좋은 마음에 학연도 지연도 없는 곳에서 일만 해서는 안 되는구나 여겼다. 정당한 평가를 받지 못한다고 느끼자 넘치던 꿈과 열정은 사위어갔고 직장에 대해 회의만 늘어갔다.

자신의 겉모습이야 거울로 볼 수 있지만 타자에 의한 자신의 평가는 알 수가 없다. 남들이 다 아는 나쁜 소문조차 정작 본인은 제일 늦게 안다는 사실을 피가 뜨겁던 그때는 전혀 몰랐다.

탈출구를 찾아야 했다. 지독하게 몸을 혹사하면 뭔가 보일 줄 알았다. 작심하고 휴가를 냈다. 위험하다고 말리는 친구의 말을 무시하고 가장 험하고 긴 코스의 지리산 종주를 홀로 하며 발에 물집이 잡히고 터져 피가 나는 극한 산행을 하면서 나를 찾으려 들었지만 몸만 고달팠지 옥생각은 여지없이 도돌이표만 찍고 말았다.

어느 날 그럴싸한 타이틀을 들먹이며 "핵심사원 양성을 위한 의식고도화 과정"을 다녀오란다. 수군대는 동료의 말을 귓전으로 흘렸다. 전국에서 120명이 입소하고야 직장 내 눈엣가시를 위한 '지옥훈련'인줄 알았다. 절로 신음이 흘러나왔다. 치욕스러웠다.

일본의 정규 지옥훈련을 이수했다는 교관들의 강렬한 눈빛은 쇠를 녹일 것 같았다. '좀 봐주겠지 시간이 지나면 수료시키겠지'라는 생각은 착각이었다. 월요일에 입소해 12개 과정을 수료하면 되지만 퇴소는 개인의 능력과 노력에 따라 토요일

오전부터 그다음 주 수요일까지 이어진다. 단 1분도 머무르기 싫은 곳에서 며칠은 지금 생각해도 소름끼친다. 쉬운 과정이 있을 리 없다. 굳이 뽑으라면 랜턴과 지도 한 장을 주고 각기 다른 코스를 혼자 돌아야 하는 40km 야간 행군이다.

살천스러운 교관은 심리전에도 매우 능했다. 교육생에게 희망을 줬다 연속으로 절망하게 만들어 독이 바짝 오르게 하여 인간 한계를 시험하며 최선을 다하는가를 체크했다.

어머니는 사람을 미워하지 말라 하셨지만 이곳에 추천한 사람이 미웠고 당장 뛰쳐나가고 싶다. 하지만 그랬다간 사직서를 써야 할 운명이다. 한 잔의 물을 들이켜고 몇 번의 심호흡을 하자 세 살배기 아이와 아내 얼굴이 어른거렸다. 나 혼자가 아니었다. 다시 이를 악물었다.

보란 듯 내보이고 싶어 5박 6일간 겨우 4시간 눈을 붙이며 성대결절로 몇 번의 피를 토하며 이 악물고 노력한 결과는 상위 5%의 합격이다. 피땀으로 얼룩진 수료증을 받아드니 절로 통곡이 나온다. 얼마나 지났을까 동기생의 부축을 받고 일어나 벽에 걸린 거울을 봤다. 그곳에는 엿새 동안 씻지도 못한 초췌한 몰골의 이방인이 서있다. 그게 나였다.

인생의 밑바닥에서 어른거리던 죽음을 보고서야 내가 보였다. 주먹으로 가슴을 쳤다. 그토록 내가 내뱉었던 모든 원망의 본질이 남과 조건이 아니라 바로 나 자신이었다.

나중에 안 사실이지만 타 직원보다 먼저 훈련을 보낸 이유는 업무 능력은 탁월하지만 툭하면 바른말에 온통 불만투성인 동료들의 가려운 등까지 긁어줘 그냥두면 화근이 될 거라는 보고가 발단이다.

예전의 나를 죽여야 했다. 불만이 많은 동료와는 거리를 두었고 불만을 가져도 변하지 않는 것들에 관심을 끊었다. 사람이 어쩌면 저리 변하냐는 비아냥거림도 흘려 넘기며 업무에 몰입하자 큰 성과를 올릴 수 있었다. 이런 나를 유심히 지켜보던 실세 임원의 신임으로 탄탄대로를 걸었다.

세상 변하지 않는 게 어디 있을까. 지옥훈련으로 다져진 각오도 유지는 어렵다. 흔들리는 마음을 다잡고 나를 오롯이 들여다볼 수 있는 거울 하나를 내 안에 들여놔야 했다. 반원형의 손잡이가 달린 질박한 구리거울이다. 며칠만 닦지 않으면 녹슬어 보이지 않는 구리거울을 매일 닦는 것은 나를 들여다보는 성찰이고 정화이며 재충전인 셈이다. 끊임없이 이어지는 명상을 통한 자아 성찰은 온전히 나를 위한 행위이며 말끔하게 닦여진 거울을 통해 선명하게 보고자 하는 건 자아였다.

손에 대하여

악수하며 잡은 손이 허전했다. 표정을 읽은 그가 웃으며 말했다. " 일하다 손가락 두 개를 잃었어요. 제 손을 잡은 사람은 다들 그러는 걸요." 아무렇지 않다는 듯 담담하게 말했지만 속내를 들킨 것 같아 얼굴이 화끈 달아올랐다.

손바닥이 감지했던 허전함은 이내 사십여 년을 거슬러 형님 농장에서 일하던 열아홉 처녀를 불러내었다. 부지런하고 예쁜 데다 상냥했다. 정도 많아 집에서 만든 음식을 가끔 어머니께 갖다 드렸다. 그 처자가 마음에 든 어머니는 "영자가 둘째 셋째 손가락이 없어 그렇지 살림은 잘할 것 같은데, 한 번 만나 볼래." 하셨다. 모래밭에 물이 스며들 듯 다른 말은 순식간에 사라지고 두 손가락이 없다는 말만 턱 하니 목에 걸렸다.

온갖 일을 하다 보니 수난을 당하는 것도 손이다. 관계의 시작도 손이 나서야 하고 이별의 아쉬움도 흔들며 달래야 한다. 몸이 잘못을 저지르면 우선 고개를 숙여야 하고 그것으로 부족하면 무릎을 꿇고 손을 비벼야 한다. 이는 용서를 구하는 행위이지만 신에게 올리는 간절한 비손이기도 했다.

빤히 보이는 손해도 피하지 않는다. 현존하는 메커트로닉스도 넘볼 수 없다. 눈과는 불공정한 종속관계다. 눈의 지시라면 궂은일도 제 몸 상하는 줄 모르고 따르다 상처를 훈장처럼 매달고 산다. 눈의 꼬드김에 수시로 뒤집는 마음 따라 더러는 보듬고 쓰다듬지만, 이내 밀어내고 뿌리치며 알게 모르게 슬쩍하는 버릇도 있다.

상전인 눈의 협조 아래 정교한 손이 이룬 업적이 경이롭다. 로마 시스티나성당의 '천지창조'도 4년 동안 고개를 뒤로 젖힌 채 천장을 채워나간 미켈란젤로의 위대한 손이요, 루브르박물관에 소장된 '모나리자' 역시 레오나르도 다빈치의 손에서 탄생하였다.

작은 신체 부위지만 몸 전체를 평가하는 바로미터 역시 손이다. 뭔가 일하고 만드는 솜씨를 손재주라 하고, 맨손으로 주물러 만든 맛있는 음식은 손맛이요, 일을 깔끔히 매듭지으면 손끝이 맵다고 하며, 그늘진 삶에서 벗어나면 손을 씻었음이요, 하던 일을 멈추거나 그만두면 손을 놓았다고 한다.

고양이 턱수염같이 예민한 손에는 실치잡이 그물코처럼 말초신경이 밀집해 있어 매우 민감하다. 숙달된 달인은 손끝으로 떼는 밀가루 반죽 무게나 초밥의 밥알조차 큰 오차 없이 계량할 정도다. 나 역시 정밀 산업기계를 만들던 시절에는 머리카락의 절반도 안 되는 부품의 두께 차이를 손으로 만져 구분할 정도였다.

몸의 축소판인 손에는 건강을 체크할 수 있는 손톱과 오장육부를 관장하는 혈 자리가 있다. 엄지는 간 검지는 심장 중지는 머리 약지는 폐 새끼손가락은 신장을 관장하고 손바닥 가운데는 위와 연관된 혈이 있어 해당 혈을 손가락으로 누르기만 해도 멀미나 소화불량 가벼운 두통은 완화시킬 수도 있다.

살아있는 권력이 사실과 비위를 멋대로 조작하고 은폐하듯, 삶의 흔적인 얼굴 주름을 성형수술로 왜곡시킬 수 있지만, 사관史官이 사실에 입각한 세세한 것들을 조선왕조실록에 가감 없이 기록한 것처럼 손은 살아온 내력을 하나도 빼놓지 않고 손등에 상세히 그려놓는다. 그런 까닭에 굵어진 마디나 주름만 봐도 그 사람의 지나온 삶이 보인다.

저 혼자 휑하니 갈 거 같은 세월은 심술궂게도 인간의 얼굴에 지울 수 없는 선을 그어놓고 떠난다. 하지만 젊어지고 싶은 욕구는 그 주름마저도 잡아당겨 젊게 만들지만 손등의 내력만큼은 현대 의술조차 손댈 수 없단다. 기만하지 말라는 엄중한 신의 명령이 아닌가.

두 손가락을 잃어 악수할 때 허전함과 민망함을 안겼던 그분은 영등포에서 철공소를 운영하며 회사에 부품을 공급했다.

심성이 고운 데다 장애를 가지고 있으면서도 매사 긍정적이고 성실하여 점차 공장을 늘려갈 정도로 신뢰받는 사장이었다.

손을 가진 조건은 같다. 다만 통제가 어려운 마음에 무엇을 담느냐에 따라 손은 달라진다. 이순 중반의 나이테가 손등에 선명하게 나타나니 촘촘했던 마음이 헐거워진다. 이제는 뿌리치지 말고 잡아주는 따뜻한 손이 되어야겠다. 살아보니 움켜쥐려고 했던 세월은 고단하기만 했었는데 손을 조금 펴니 살만했다. 그렇게 잡으려 했던 물질의 풍요보다 소소함에서 얻는 행복이 소중함을 일러주는 건 수난으로 이골이 난 두 손인 것을.

낯선 풍경

늦은 귀갓길 갑자기 몸이 신호를 보내온다. 저녁으로 먹은 음식이 문제를 일으켰는지 속이 거북스러웠다. 집에 도착해 안정을 취했지만 가라앉지 않았다. 미심쩍은 생각에 혈압을 재보니 위험단계를 넘나드는 수치였다. 십여 분 안정을 취한 후 다시 측정하니 더 올랐다. 순간 재작년 썩은 나뭇등걸처럼 나동그라지던 지인의 모습이 떠올랐다. 금방이라도 뇌혈관이 터질 것 같은 방정맞은 상상이 뒤따랐다.

한밤중 종합 병원 응급실은 북새통을 이룬다. 위급한 환자들만 모였으니 느긋하게 기다릴 수가 없다. 자기를 먼저 봐 달라고 아우성을 치지만 간호사나 당직 의사들은 한눈에 환자의 경중을 파악하는지 꿈쩍도 않는다. 이미 응급실의 상황에 이골이 난 게다.

사연도 가지가지다. 싸우다 머리가 터져 선혈이 낭자한데도 고래고래 소리를 지르는 만취환자. 술은 마시지 않았다며 측정을 거부하다 피를 뽑아야 하는 사고를 낸 여성 운전자. 고열로 고통당하는 서너 살배기 사내아이는 악을 쓰며 울어댄다. 일주일간 배변을 보지 못한 이십 대 청년은 맹꽁이배를 끌어안고 아파 죽겠다며 의사를 불러 달라고 엄살을 부린다. 이윽고 구두코가 하얗게 벗겨진 의사가 왔다.

"관장약을 넣었으니 15분간은 항문이 열리지 않게 꽉 틀어막고 있어야 합니다. 환자가 고통을 호소해도 절대로 놔선 안 됩니다."라는 말에 난감해하던 흰 머리칼이 성성한 아버지의 표정이 왜 그리도 우습던지 나는 그만 담요를 뒤집어쓰고 말았다. 간호하던 딸아이가 창피하다며 다리를 꼬집어도 웃음이 멈춰지지 않았다.

집에서 나올 때만 해도 큰 병일 거라는 생각에 마음을 졸였었다. 하지만 응급조치를 받고 조금 살만하니 옆 사람들을 살필 여유가 생겼고 이렇게 웃을 수 있다는 게 놀랍기만 했다.

난생처음 팔뚝에 링거 바늘이 꽂혔다. 뭔지 모를 투명한 액이 한 방울씩 떨어져 혈관으로 스며든다. 피를 뽑을 때와는 전혀 다른 느낌이다. 누군가에게 베풀며 사는 것이 남자의 도리라고 생각했는데 나도 도움을 받아야 하는 나약한 존재라는 사실이 씁쓸하다. 게다가 한 됫박도 되지 않는 저 액체가 혈관 곳곳을 누비며 나를 도와준다는 생각을 하니 헛웃음이

나왔다.

노상 생자필멸을 들먹였다. 세상에 빚진 것도 집착하는 것도 없으니 훌훌 털고 가면 된다는 생각이었다. 시기야 알 수 없지만 죽음을 당당히 맞겠다고 큰소리친 것은 호기였음이 여실히 드러났다. 병원에 누워있으니 한없이 마음이 약해진다. 피곤함에 지쳐 퇴근한 아내의 얼굴이 오늘따라 까칠하다. 늘 가까이에 있어 소중한 줄도 모르고 지내는 요즘이다.

지금 곁에 있는 딸아이와도 바쁘다는 핑계로 여행을 떠난 적이 언제인지 먼 추억이 되어 버렸다. 툭하면 일터로 불러내 잔일이나 시키면서도 당연시 여겨 용돈 한번 두둑이 챙겨 주지 못했다.

이런저런 생각에 잠이 오지 않는다. 얼마나 지났을까. 양 눈에 졸음을 그렁그렁 달고 온 까치집 머리의 의사가 나타났다. 일찍 병원을 찾아온 건 잘했다며 현재 특별한 문제는 없지만 정확한 검사를 위해 MRI를 찍어보자고 한다.

새벽 4시가 넘어서자 응급실 풍경은 눈에 띄게 움직임이 굼떴다. 집이 그립다. 결코 융화되기 어려운 응급실, 생명을 연장하기도 하고 안타깝게 떠나보내기도 하는 곳이다. 각기 다른 절절함과 염원이 서려 있고 살려는 이와 살리려는 사람들이 끊임없이 긴장하며 생사를 가늠하는 치열한 공간이다.

다시는 찾고 싶지 않은 낯선 풍경 안에서 나는 가족과의 평범했던 일상을 간절히 그리워하고 있다. 침대에 엎드려 곤하게 자는 아내의 휴대폰에 문자를 남겼다.

"우리 여행 갑시다."

모탕

요긴하나 인정받지 못한다. 대접은커녕 고마워하지도 않는다. 상대적 차별에도 입을 내밀거나 골을 부리지 않는다. 필요에 의한 운명으로 도끼날을 받아들이다 허리가 동강 나면 아궁이에 내동댕이쳐진다.

모탕은 출생부터가 남다르다. 그의 탯자리는 거름기 없는 척박한 바위산이다. 참으로 다행인 것은 그곳에도 밝은 햇살이 있다는 것이다.

남들처럼 쭉쭉 자라고 싶지만 바위틈에서 꼬부라지고 뒤틀린 옹이박이 소나무로 산을 지키다 고사목이 돼 간택된 후에는 나무토막을 끌어안기 위해 생살을 내주어야 한다. 이것이 그의 운명이라니.

아련한 기억 속에 모탕이 자리한 곳은 고향 집 헛간 앞이다. 비가 오나 눈이 오나 땅바닥에 누웠다. 마치 다리를 구부리고 모로 누운 채 늘어진 젖가슴을 물렸을 가련한 불혹의 내 어머니로 보였다. 그래서 늘 모탕만 보면 가슴이 저렸다.

톱날처럼 생채기를 내던 말쯤이야 가벼이 받아들이지만, 폭언으로 시퍼렇게 벼린 아버지의 도끼와 가뭇없는 가장의 부재로 머리 큰 자식들이 휘두르던 도끼날 역시 받아들여야 했다. 생가슴을 파내던 이들이 모두 떠나고 둘만 남은 커다란 집 마당의 모탕에 나무토막을 올려놓고 장작을 패던 열댓 살의 나는 늘 서러웠다.

대체 모탕은 전생에 무슨 죄를 지었을까. 능숙한 나무꾼의 도끼질이야 상관없지만 깝죽대는 서투른 도끼질에는 사정없이 가슴팍을 내놓아야 한다. 푹 파여 나가는 아픔에도 신음조차 못 내고 속으로만 삭인다. 모탕은 아낌없이 내어주는 어머니다.

시골도 요즘은 나무 대신 기름을 사용하고 있어 모탕을 모르는 사람이 많은 것 같다. 가끔 티브이를 보면 "자연인" 이나 비슷한 프로그램에서는 나무토막을 땅에 세워놓고 도끼로 내리친다. 빗맞거나 나무를 쪼갠 도끼날은 예외 없이 땅에 박히거나 땅속에 웅크리고 있던 돌을 내리찍기도 한다. 도끼날이 온전할 리 없다.

무뎌진 낫이나 칼은 숫돌에서 쉽게 날을 세울 수가 있지만,

망가진 도끼날을 세우는 일이 녹록지 않다는 걸 나뭇짐을 져본 사람은 잘 안다. 방앗간에서 벼와 보리의 껍질을 벗겨내던 구멍이 숭숭 뚫린 시퍼런 맷돌이 무뎌진 도끼날을 세우는 데 제격이다.

이순이 넘어 돌아보니 수많은 도끼질을 몸으로 받아내면서도 공방살이 어머니의 한결 된 원은 자식이 잘되는 것이었다. 그 뜻을 헤아리면서도 순순히 제 몸을 내주는 모탕의 역할을 하기는 고사하고 가슴팍을 파기만 했다. 고마움을 가슴 절절히 새기면서도 말이다.

언제부턴가 우리 사회는 모탕 같은 사람이 되기보다는 도끼를 들고 있는 사람이 늘고 있다. 인간은 묘한 심리가 있어 도끼를 들면 없던 힘도 생긴다. 자신이 가는 길에 방해가 된다면 재목으로 자라는 실한 나무도 찍어 넘겨버린다. 더불어 살아가는 지혜가 필요하다.

저 잘났다고 손톱만 한 공도 내세우는 사람이 늘어간다, 그들은 도끼날에 가슴팍이 파여 가는 고통을 감수한 어머니 같은 조력자가 있었기에 자신의 오늘이 있다는 사실을 알기나 하는지.

가정도 사회도 있는 듯 없는 듯 자신을 드러내지 않고 납작 엎드려 묵묵히 소임을 다하는 모탕 같은 사람이 그리운 것은 나만의 욕심일까.

재비 날다

예상은 철저히 빗나갔다. 그래서 더 신선하고 상큼했다. 절로 흥이 났다. 연주자의 손가락에 만석의 관객이 놀아난다. 어둑한 객석에서는 들썩이는 실루엣의 어깨춤이 가락을 탄다.

송정언 가야금 독주회의 타이틀은 〈인연因緣〉이다. 세상에 인연이 아닌 게 어디 있을까마는 "현을 다루듯 그대와의 인연을 소중히 여긴다."라는 따뜻한 팸플릿 문구가 마음에 와 닿는다.

조명이 꺼진 무대에서 스포트라이트를 받으며 관객들에게 첫선을 보인 그녀는 눈부시도록 아름다웠다. 불혹의 연주자는 가야금을 앞에 두고 흘러내린 하얀 드레스로 오른쪽 어깨를 약간 드러낸 채 다소곳이 앉아 있지만 넘치는 끼는 감출 수가 없다. 숨소리조차 죽인 채 촉각을 곤두세우고 바라볼 수밖에 없다.

쪽 찐 머리에 고운 한복을 입고 산조를 연주할 거라는 예상과 갓을 쓰고 도포 자락 휘날리며 〈춘향가〉 한 대목을 뽑을 거라던 것도 윤진철 명창의 일상복 차림으로 그간의 선입견은 여지없이 무너졌다.

퉁겨진 현이 내지르는 소리는 그녀의 손끝으로 만드는 마술이다. 추녀에서 떨어지는 굿거리장단의 낙숫물 소리로, 장대같이 쏟아지는 소나기의 자진모리장단으로, 빠르게 흐르는 된여울의 휘모리장단으로 몰아치다 명지바람에 간당거리는 풍경 소리로 들리기도 했다. 그녀의 연주는 인간이 듣고 싶어 하는 대자연의 소리를 고르고 골라 하는 재주였다.

만추의 11월 첫 주말 밤은 그렇게 넋이 나간 채 흘러갔다. 연주자의 손에 길들여진 표현의 폭이 넓어졌다는 개량 가야금의 스물다섯 가닥의 현이 〈바다의 노래〉를 연주하며 현란하게 춤을 출 때마다 파도가 된 관객은 덩달아 출렁거렸다.

그녀는 잠시도 관객들의 눈과 귀가 벗어날 수 없도록 현의 마력으로 칭칭 동여매었다가 풀고 다시 동여매기를 반복했다. 한 올 한 올 당기고 뜯는 선율에 살아오면서 쌓인 삶의 더께들이 하나씩 튕겨 나갔다.

금琴의 재비가 되기 위해 가야금이랑 결혼했다는 연주자가 악기를 끼고 살아온 세월이 25년이라 했다. 25현의 개량 가야금을 튕기고 뜯는 데 그 오랜 시간을 흘려보낸 셈이다. 한 해를 보내고 겨우 한 줄을 자유자재로 뜯을 수 있는 재비가 된 셈이다.

지금보다 훨씬 열악한 조건에서 엄격한 스승으로부터 가야금 연주를 사사 하며 오직 가야금만을 사랑하며 외길을 걷는다는 게 어디 쉽기만 했을까. 수없이 찾아온 고통과 좌절로 더러는 팽개치고 주저앉았다 다시 끌어안았을 연주자를 보니 가슴이 짠하다.

이번 독주회에 산조는 없다. 이해하기 난해한 전통을 고수하기보다는 관객들과 쉽게 공감하고 소통하는 음악을 선택했다. 가야금도 전통 12현보다는 25현으로 연주하며 젊은 관객의 마음을 파고들었다. 귀에 익숙한 〈백만 송이 장미〉,〈베사메무초〉를 연주할 때, 객석은 리듬에 맞춘 박수로 화답하며 연주자와 소통하며 흥을 돋웠다. 다채로운 현대음악을 선보이기 위해 재즈 밴드와 함께 만들어내는 앙상블은 그 어떤 말로도 다 표현하지 못할 정도로 감동적이었다. 독주회 중간에 중견 수필가 이은희의 〈인연〉 낭송은 연주회 분위기와 잘 맞아 많은 관객의 박수를 받았다.

예술의 목적은 자신의 내면세계를 감각적인 수단을 통해 타자의 감성적 지각 앞에 보여주는 행위다. 그렇기에 무엇을 해도 10년은 해야 겨우 눈이 뜨이고, 뜨인 눈으로 10년 이상 피나는 노력을 해야 어느 정도 인정받을 수 있다. 그러고 보니 수필을 쓰겠다고 뛰어들었지만 좌절의 고통도 겪지 않은 데다 연주자가 가야금과 함께한 세월의 절반만 보냈으니 날기는커녕 뛰지 못하는 건 당연한데도 좋은 글을 못 쓴다며 안달복달이다.

피날레로 연주한 〈재비琴〉의 의미는 가야금 연주자를 뜻하지만 25년간 가야금에 푹 빠진 그녀의 인생 전반을 노래한 거나 마찬가지다. 이 곡을 가야금만의 쌍 튀김과 화려한 휘모리장단을 선보였고 한 손의 트릴 기법으로 내는 청초한 음색과 가락의 멋과 울림은 온통 내 마음을 흔들었다.

우아하게 아름다운 선을 긋는 연주자의 팔이며 손동작은 눈을 유혹하기에 충분했다. 가야금과 연주자가 일체가 되는 것은 혼魂의 합일이다. '인연'이라는 타이틀 아래 가야금 연주자를 위해 그림자처럼 움직이는 사람들의 역할이 있기에 비로소 그녀가 현 위에서 날 수 있었다. 지그시 눈을 감고 무아의 경지에서 한바탕 제대로 노닐다 현란한 날갯짓으로 창공으로 날아오르는 금琴재비, 그 비상이 눈부시다.

주천강의 봄

길게 뻗었던 강이 뒤척인다. 기지개를 켜며 깨어나는 소리는 조용하고 낮지만 그 울림은 크다. 수많은 생명을 품어 안고 흐르는 강 내 고향의 봄은 두꺼운 얼음장 밑으로 먼저 찾아든다. 아직은 따스한 햇볕이 내리쬐는 것도 춘풍이 부는 것도 아니건만 배앓이 하는 아이 배를 문지르는 엄마의 손길처럼 얼음장을 살살 비비며 온다.

좋아도 좋은 척 싫어도 싫은 척 하지 않는 내숭쟁이 강은 그렇게 봄을 반긴다. 이즈음, 눈으로 보기에 멀쩡한 얼음판이라고 냉큼 올라서면 낭패 보기 십상이다. 물살의 결대로 녹아버린 얼음장은 이미 잔뜩 골병이 들어있기 때문이다.

땅을 부풀게 하는 봄은 생명 탄생의 서막이요, 목숨을 이어가는 생명체에 활력을 넣는 계절이다. 잠자던 물고기도 몸을 풀고 돌 밑에 숨었던 다슬기도 고개를 내미는 시기다. 물고기의 먹이가 될 이끼로 도배한 돌들도 물고기 떼를 기다리며 달뜬 가슴이 되곤 한다.

내 유년의 주천강은 안팎으로 분주했다. 잰걸음으로 뛰어다니는 물새 소리가 요란할 즈음이면 마냥 평화로웠던 물속도 예사롭지 않았다. 날도래 잠자리 유충이 생존경쟁에 뛰어들어 덩치를 키우고 산란을 앞둔 꺽지 퉁사리 등 물고기의 사랑놀이로 강물이 후끈 달아오르곤 했다.

해거름이면 마을과 강은 온통 노을에 젖고 강에서 치러지는 피라미 떼의 반짝거리는 합동 공연은 장관이었다. 피라미가 힘차게 뛰어오르는 건 혼인 비행을 하는 하루살이를 낚아채기 위해서다.

달려드는 성미 급한 주천강을 가로막고 찬찬히 돌아가라며 으르고 타이르던 설구산은 강기슭 군데군데 철쭉꽃 무리로 치장해 멋들어지게 물그림자를 띄우곤 했다.

몇 해 전, 봄이 물드는 고향을 찾아갔다. 굽이도는 물길을 따라 소풍을 가고 동네 아낙들이 추렴해 천렵 가던 오래된 자드락길은 종적 없이 사라지고 산허리를 들어낸 시커먼 아스팔트 길이 안내했다. 그런 인간의 길과는 상관없이 주천강은 무심하게 흘러간다.

유량이 적어 더없이 유순해 보이지만 그래도 강을 들여다보니 꺽지가 있던 곳에는 꺽지가 다슬기가 있던 곳에는 다슬기가 어름치가 있던 곳에는 어름치가 노닐고 있다. 예나 지금이나 흘러가는 물길은 그대로인데 세상과 거기에 잠시 얹혀살다 사라지는 사람만 변하는 것 같다.

강의 윤슬은 오래 봐야 멋지고 재잘대는 여울 소리는 귀를 활짝 열어야 제대로 느낄 수가 있다. 여울의 노래도 얼핏 들으면 비슷하지만 귀 기울여 들어보면 수시로 화음이 달라진다. 그 미세한 울림의 변화는 강에 흠뻑 빠진 사람만이 느낄 수 있다.

때로는 거칠게 달려드는 엄둔천 법흥천을 품어 안은 주천강의 된여울은 강바닥에 벌러덩 드러누운 너럭바위를 수만 년 동안 문지르고 다듬어 천연기념물 요선암을 만들어 놓기도 했다. 그런 주천강은 평창강과 합류해 서강西江으로 흘러가다 소沼에서 한숨 돌리고 산허리 따라 굽이굽이 돌아 한강이라는 이름으로 서해에 안긴다.

강은 생명의 근원이자 생육의 터전이며 긴 소통의 장이다. 자연에 안기고픈 사람을 품는 화합의 표상이기에 반드시 지켜야 할 보고이다. 이는 배타적이거나 탓만 하고 노상 서두르는 인간이 본받아야 할 덕목이다.

적조한 겨울 강보다 숱한 생명에게 몸을 내주는 봄 강에 마음이 끌린다. 멈춘 듯 넓고 깊게 흐르는 강 보다 재잘거리며 노래하는 여울이 더 좋다. 잠시 머뭇거려도 강은 흘러가야 한다. 그런 강으로 사계가 오고 간다. 사람마저 자연의 일부로 만드는 강의 유혹을 마음의 상처가 깊은 사람일수록 뿌리치기가 어렵다.

이토록 봄이 물든 주천강에 집착하는 이유는 성정 고운 내 어머니와 똑 닮았기 때문이다. 오직 아버지 없는 자식들을 위해 모든 걸 내주고 평소의 원처럼 자리보전 없이 떠나셨다. 외로움도 슬픔도 주천강에 흘려보내셨던 어머니의 유택은 고향은 아니지만 맑은 저수지를 내려다볼 수 있는 곳에 있다.

강의 본질은 나눔이며 포용이다. 예전에는 사람이 참 따뜻하다는 이야기를 많이 들었는데 갈수록 이기적이고 아집을 부리는 나를 발견한다. 아찔하다. 내 안에 고여 있던 강물이 마른 증거다. 그런 내가 묘하게도 잠시 흘러가는 강물에 마음을 내려놓는 자연과의 교감만으로 다시 세상을 살아 낼 힘과 평정을 얻기 때문이다. 고로 갈구한다. 강과 더불어 사는 내일을.

고무래

생김새도 하는 일도 단순하다. 움푹 파인 땅을 평평하게 고르거나 흩어진 것을 끌어 모으기만 한다. 옳고 그름을 따지지도 않지만, 남의 흠을 보려고도 굳이 알려고도 하지 않는다. 혹여 드러나더라도 파헤치고 들추기보다는 다독이고 덮는다.

우리 사회에 불신이 판친다. 어쩌다 이리됐을까. 믿거니 하는 사람끼리 나눈 대화도 이해에 따라 공개된다. 때로는 두 사람이 나눈 카카오톡 대화나 휴대전화 문자내용이 까발려지기도 한다. 모두 보호되어야 할 사생활이다. 지켜서 아름다운 신의가 그립다. 자신에게 불리하더라도 뚝심 있게 지켜주는 진정한 의리를 보고 싶다.

체격은 보통이지만 가슴이 넓은 죽마고우가 있다. 9남매의 셋째지만, 맏이 노릇을 하는 친구다. 중학교 시절 추석을 보내고 한 아이의 손에 들려온 음식으로 배탈이 났다. 아프다 해도 일찍 집으로 보내는 게 학교로서는 최선이었던 시대였다. 고통스러워하는 나를 강을 두 번이나 건너고 숨을 헐떡이는 재를 넘어 십 리를 업고 갔다. 축 늘어진 몸이 얼마나 무거운가는 업어 본 사람만 안다.

오래전, 열 명이 넘는 동창 부부가 펜션에서 하룻밤을 보낸 적이 있었다. 혼사를 이틀 앞둔 한 친구의 변고에 충격을 받은 일행은 그날 밤 과음을 했고 한 친구가 잠결에 옷을 입은 채 소변을 보고 말았다. 당사자는 불편한지 취중에도 젖은 옷을 모두 벗어던지고 곯아떨어졌다. 이를 알아챈 고무래 같은 친구는 자신의 운동복을 입혔다. 방에 고인 오줌은 수건으로 닦아내고 젖은 옷은 빨아 널어놓고 잤단다. 그런 사실을 다른 친구는 전혀 몰랐다. 얼마나 큰 배려인가.

과연 나라면 저렇게 할 수 있었을까. 자신이 없다. 마음이 약하다 보니 모른척할 입장은 아니고 방을 닦고 옷을 빨아 널었다 하더라도 다음날 공치사하는 실수를 했을 것 같다. 그랬다면 가까운 고향 친구라 할지라도 모임에서 다시는 그 친구를 볼 수 없었을 것이다.

여태 살면서 대부분 눈으로 확인된 것만 믿으려 했다. 하지만 그리 믿었던 것에도 많은 오해가 따랐다. 철석같이 믿었던 사람에게 상처 입은 적도 있었고 첫인상은 비호감이지만 함께 하다 보니 진국인 사람도 많았다. 사람을 알려면 많은 시간이 흘려야 하기에 쉽게 남을 판단할 일은 아니다. 인간의 참모습은 어려운 일이 닥쳤을 때 나타났다.

이순 중반에 살아온 날을 돌아보니 언제일지 알 수 없는 여정에 하나둘 곁을 떠나는 연이 줄을 잇는다. 절대 끊어지지 않을 것 같은 인연도 소멸되고 육신마저 반납해야 끝나는 인생이다. 기대 수명이 길어져 오래 산다고 하지만 모두 그런 건 아니다. 짧지 않은 한 생을 살며 공덕을 쌓지는 못해도 남을 해치는 구업이나 악행으로 인생길을 재촉할 이유는 없지 않은가.

잘 살아야겠다고 다짐하면서도 무시로 흔들리는 마음 따라 칭찬보다는 허물을 들추고 흉을 봐왔다. 말 때문에 오해와 갈등이 많은데도 타자의 허물을 입에 올렸다. 혹여, 평생 가슴에 담을 정도로 모멸감을 준 적이 없는지 떠올려 보지만 기억이 없다. 이미 망각의 지우개로 떨쳐버린 게 분명하다.

며칠째 비가 이어진다. 오늘따라 상대의 허물을 알아도 눈감아주고 언짢은 소문이 돌아도 그럴 만한 사정이 있었을 것이라며 넘기고, 생채기 난 가슴도 감싸고 덮어주는 고무래 같은 친구가 보고 싶다.

활착活着

"뚜-." 문자가 들어온다.

'오늘 오후 6시 30분 청주 생방송 투데이에 저희 식당이 방영되오니 꼭 시청해 주시기 바랍니다.' 신흥관에서 온 반가운 소식이다.

여주인과의 첫 만남은 3년 전 여름 그녀가 아파트 앞 인도에서 도넛을 만들어 팔 때였다. 체구는 작지만 까무잡잡한 피부에 눈빛이 강한 게 인상적이었다. 장사가 처음인지 행동거지 하나하나가 어설펐다. 게다가 말투는 억양이 센 사투리라 중국 동포로 생각했다.

노점을 연 지 일주일도 안 돼 손님이 부쩍 줄었다. 무더운 날씨에 튀긴 음식이 팔리지 않는 건 당연했다. 그녀의 얼굴엔 점점 그늘이 드리워졌다. 도넛을 튀기는 기름만 끓는 게 아니라 그녀의 속도 펄펄 끓고 있을 거 같아 딱해 보였다. 작정하고 말을 걸었다. "덥고 힘들지요, 어디서 오셨나요?"라고 묻는 내 말에 "저는 함흥에서 왔습니다."라고 대답했다. 중국 동포로 알고 있다 북한에서 넘어왔다는 말에 정신이 번쩍 들었다. 난 생처음 북녘에서 고생하던 주민이 바로 내 앞에 있다는 사실에 묘한 흥분으로 설렜다.

그의 가족은 초등학생을 포함 네 명이었다. 죽음을 각오하고 넘은 국경이라 금방이라도 목덜미를 낚아챌 것 같아 사력을 다했단다. 피가 마르고 애간장이 타들어갔지만 자유를 얻기 위해 수많은 고통을 견뎠다고 담담히 말했다. 한국 생활이 꽤 오래됐음에도 조심스레 말을 흘리던 그녀는 당시 악몽이 떠오르는지 몸서리를 쳤다. 왜 아니 그러겠는가. 수백 수천 날을 쏟아내도 할 말이 남겠지만 지속될 탈북자를 보호하기 위해 험난한 여정은 속으로 삭였다.

누이 같다는 생각이 들어서일까. 시간이 나면 노점을 찾았다. 혹시라도 어렵게 자리 잡은 대한민국에서 질시와 무관심에 흔들려 뿌리를 내리지 못하면 안 될 것 같아서다.

무엇보다도 삼십여 년을 북한에서 살아 남한 사람들의 취향과 입맛을 알지 못하는 그녀를 보고만 있을 수가 없다. 장사를 도와야겠다는 생각이 들었다. 우선 손수레에 노란색 바탕의 녹색 글씨로 '이곳은 자유를 찾아 대한민국 품에 안긴 새터민의 자립 터전입니다.'라는 현수막을 걸었다. 그로 인해 행인의 관심은 끌었지만 매출이 크게 늘어나지 않아 고민스러웠다. 궁여지책으로 고속도로 휴게소에서 많이 팔리는 구운 감자로 바꿔봤다. 처음이라 그런지 구운 감자가 푸르스름한 게 때깔이 나지 않는다. 그래도 매출은 나아졌다. 그녀의 얼굴에 조금씩 웃음기가 돌았다.

몇 해 전 일이 떠올랐다. 산나물을 뜯다가 고개를 든 채 피어있는 소박한 야생화를 만났다. 군락지인 듯 여기저기 많았다. 보는 것만으로 만족했어야 했는데, 처음 보는 꽃의 매력에 푹 빠져 두 포기를 캐왔다. 도감을 찾아보니 족두리 꽃이었다. 사무실에 심어놓고 물을 주며 매일 들여다봤다. 하지만 싱싱하던 꽃은 점차 생기를 잃고 마침내 잎이 늘어졌다.

뿌리내렸던 흙을 가져왔어야 했는데 달랑 꽃만 채취해왔었다. 급히 캐느라 손상된 뿌리에 토양이며 바람조차도 다른 환경에서 살아 내기란 애초에 불가능한 일이었다. 몸이 달았다. 근처 부모산에서 낙엽을 걷어내고 부엽토를 파다 다시 심었다. 된통 몸살은 앓았지만 족두리 꽃은 생기를 되찾고 살아났다.

몇 번의 메뉴를 바꿔가며 뿌리를 내리려고 애쓰던 그녀가 비록 노점이긴 하지만 함흥 꿩 냉면으로 메뉴를 바꾼 것은 아주 잘한 일이었다. 포장마차는 손님으로 가득 찼다. 하지만 장사가 잘되는 꼴을 못 봐주는 사람이 구청에 신고하는 바람에 문을 닫아야 했다.

나는 그녀가 죽음을 넘나들며 찾아온 한국이 무서운 곳이라고 기억할까 봐 조바심이 났다. 하지만 그는 절망하지 않았고 쓰러지지도 않았다. 허름한 집을 사들여 함흥신흥관이라는 꿩 요리 전문 식당을 냈다. 통행이 뜸한 외진 구청 앞이라 손님이 없으면 어쩌나 내심 걱정을 했다. 한데 삼 년 만에 티브이에 방영이 될 정도로 음식 맛을 인정받게 된 것이다.

사람이든 식물이든 뿌리를 옮기면 한동안 주렵을 떤다. 주렵을 떨고 나면 더욱 강해지는 것이 세상이치던가. 사선을 넘어 탈출하던 강인함으로 척박한 이 땅에 보란 듯 활착活着을 한 것이다.

반가움에 달려간 신흥관에서 활짝 웃던 그녀는 햇살 아래 빛나던 한 송이 족두리 꽃이었다.

아름다운 대결

피할 수 없는 대결이다. 양보란 있을 수 없다. 사전에 기획된 연출은 더욱 아니다. 결과는 예측불허다. 숨 가쁘게 전개되는 불꽃 튀는 대결의 결말은 승자와 패자로 나뉠 뿐이다.

스타와 함께 무대에 서는 것만도 영광스러운 팬들의 도전이다. 부담 없이 즐기는 도전자에 비해 지키려는 자의 긴장은 위험수위다. 비록 자신을 좋아하는 열성 팬이지만, 자리를 선뜻 내줄 수 없는 자의 열창으로 분위기는 숙연해지고 가슴마저 찡해진다.

전국에서 모여든 모창 팬들의 도전이자 스타가수의 실력을 검증하는 무대인 J-TBC 방송 예능프로그램이다. 진짜 가수의 목소리를 닮은 데다 그가 부른 노래만큼은 자신 있다는 다섯 명의 도전자가 겨루는 기적의 무대인 〈히든싱어〉 '진짜 가수를 찾아라.' 편이다.

연말 특집은 천상의 목소리를 가진 슈퍼로커 김경호 편이다. 감동을 넘어서는 전율이 이어지고 좌중을 압도하는 폭발적인 무대가 될 것으로 예상된다.

90명의 청중단은 대부분 출연 가수의 팬이고 10명의 게스트는 가수와 친한 연예인이거나 음악에 관련된 전문가들이다. 발표했던 가수의 노래는 수없이 듣고 부른 이들은 음색이나 사소한 버릇과 특징도 잘 안다.

1, 2, 3차 대결은 밀폐된 부스에서 한 소절씩 부르는 노래 1절만 듣고 가장 가수 같지 않은 사람을 고르면 된다. 표를 많이 받으면 가수라도 예외 없이 탈락한다. 노래를 부르는 사람도 검증단도 모두가 진지하다. 숨소리조차 죽여 가며 음정, 음색, 박자에 신경을 집중시킨다. 그러면서도 막상 누군지 감이 안 잡힌다는 묘한 표정들이다.

세 명이 남은 마지막 대결은 가장 노래를 잘하는 사람을 뽑으면 된다. 정작 본인들이야 숨 막히는 혈전이지만 관전자는 흥미진진하다. 가수와 도전자가 서로 앞서거니 뒤서거니 한다. 도전자들의 실력이 만만치 않다는 게 중론이다. 우승 결정이 나면 최선을 다한 도전자도 가수도 열렬한 박수를 받는다.

어떤 가수는 마지막 대결에서 도전자에게 단 두 표 차로 패하기도 했다. 설령 가수가 졌다 해도 부끄러워할 사안은 아니다. 승리를 거머쥔 도전자도 절대 자만하지 않는다. 오히려 상대에 대해 진심으로 미안해하는 표정이 역력하다. 가슴 찡한 감동이며 좀처럼 보기 힘든 멋진 광경이다.

김경호가 좋아 그의 노래로 거리공연을 한다는 우형기 도전자가 내 마음을 사로잡았다. 길거리 공연이 인연이 돼 7년째 교제 중인 그는 마지막 대결에서 관중석에 와있던 연인에게 프러포즈했고 승낙도 받았다. 내친김에 동경하는 김경호에게 축가를 부탁했고 그는 흔쾌히 받아들였다. 감격의 눈물을 보이던 도전자는 관객과 시청자의 눈물샘을 자극했다.

끝까지 가수를 위협했던 한 도전자는 이미 김경호의 콘서트에서도 출연했던 실력파 보컬이었다. 저런 후배라면 패해도 좋다고 너스레를 떨던 김경호는 결선에서 안정된 고음을 소화하는 미성으로 여유 있는 승리를 거머쥐었다. 오랫동안 여운이 남는 감동을 주는 멋진 대결이었다.

우리는 과연 어디서 승패를 떠난 멋진 대결을 볼 수 있을까. 밥그릇 싸움만 하는 정치인들에게 그런 모습을 찾기는 요원하다. 정정당당하게 싸워야 할 스포츠 경기조차 승부 조작과 약물 파동으로 우리를 우울하게 만들곤 한다.

산다는 것은 끝없는 경쟁이며 대결이다. 거기에는 지켜야 할 규칙이 있어야 한다. 수단과 방법을 가리지 않고 무조건 이기려는 자의 반칙과 야합은 비열하다. 선의의 경쟁과 대결이 필요하다. 진정한 패자의 승복은 비록 싸움은 졌지만, 인생 경영은 승자다. 승자는 자만에 앞서 반드시 패자를 보듬어야 하며 정당하게 싸웠는가에 대한 성찰도 필요하다.

아름다운 대결은 승자와 패자, 보는 이도 즐겁고 행복하다.

갈등의 세월

겨우내 시린 가슴이었다. 툭 불거진 목련 송이는 희망을 전하는데 닫힌 지갑의 봄날은 언제나 올까. 신문과 방송에서는 경기가 풀린다지만 공허하게 들린다. 아마도 내 안에 자리한 겨울이 존재하기 때문이다.

절기상으로 보면 봄이련만 꽃샘추위가 매섭다. 눈발을 앞세운 칼바람이 가슴을 파고든다. 책상 위에 던져진 신용불량 예고통지서를 보니 더욱 을씨년스럽다.

여태 걸어온 길도 결코 수월치 않았다. 주저앉아 포기하고 싶었던 험난한 고개를 수없이 넘는 질곡의 삶이었다. 눈물 젖은 밥을 먹어왔고, 끼니를 건너뛰는 인고의 세월을 보낸 대가로 포실하게 살아온 게 불과 몇 해이던가. 그런 험한 길은 다시 가야 하나보다. 주어진 운명이라면 어쩔 수 없이 받아들여야

겠지만 되돌아 갈 길이 두렵기만 하다.

일을 해도 음악을 들어봐도 잠을 자려고 누워도 매한가지다. 종아리에 찰싹 달라붙어 피를 빨아 뱃구레를 채우려던 찰거머리 같은 번민이다. 나 혼자만의 일도 아니고 직원들의 생계도 달린 터라 당장 결론 낼 수 없는 갈등의 고리들이 마음만 흔들어 놓는다.

IMF를 맞아 전국에서 근로자들의 살생이 이어질 때 회사도 예외 없이 힘없는 사원들의 목을 졸랐다. 말이 명예퇴직이지 대량 해고였다. 1997년 12월은 비참했다. 해고사원들에겐 더할 수 없는 혹독한 한파였다. 머릿수 줄이는 데 재미를 붙인 회사는 매출만 줄면 노동자를 보호하기는커녕 살생부를 적어주던 노동조합과 공모해 사원을 줄여나갔다. "사원을 가족처럼."은 허울뿐이었다.

위기가 찾아왔다. 기계를 만드는 부서라 회사로 보면 남자만 있는 데다 강성 조합원이 많아 눈엣가시로 보였다. 부서를 송두리째 없앨 생각을 했다. 그 무렵 장치산업을 하고 싶어 하던 그룹 임원의 친구가 감언이설로 경영진을 현혹했다. 회사는 분사로 방침이서자 강제집행에 나섰다. 직원들이 속내를 알고 따라나서지 않으면 좋으련만 어리석게 회사 말을 믿었다.

새로운 환경과 악조건에 적응하는 과정에서 회사는 상식을 초월한 가격으로 우리 사주를 배정했다. 명분은 사원을 위한 배려라고 했지만 속이 빤히 보였다. 사주를 거부하면 그만둬야 하는 데 따라나선 직원을 생각해 어쩔 수 없이 응한 게 화근이었다. 돈 없는 직원들은 대출을 알선해주고 퇴사하면 대신 갚아 준다던 약속은 사탕발림이었다. 대출은 고스란히 개인 빚이 되었다.

신용불량자 예고통지서를 받고 보니 앞이 캄캄했다. 가난의 굴레를 벗어나려고 돌 지난 큰아이를 멀리 떨어진 처가에 맡기고 소리 없는 눈물로 지내온 몇 년의 세월이며 지난했던 옛일이 눈앞에 어른거렸다.

빼곡히 적힌 숫자를 들여다본다. 적은 돈도 아니지만 갚으려니 억울하다는 생각뿐이다. 설령 신용불량자가 된다 해도 저들이 갚을 때까지 버티려고 했다. 일 년치 연봉에 맞먹는 돈과 어렵게 쌓아 올린 내 자신의 인격과 신용을 눈금 없는 저울에 달아본다. 어느 것도 쉽게 포기할 수 없으니 아프기만 했다.

잿빛 하늘을 바라보니 나를 슬프게 하는 얼굴들이 스쳐 간다. 그들이 쏟아내던 영혼 없는 언어들과 조소가 허공에 흩어진다. 미워하고 원망하고 싶지는 않았다. 다만 나 같은 희생자를 더 이상 만들지 않았으면 하는 바람을 가져본다.

고개를 들어 햇볕이 따사로운 창밖을 바라본다. 쪽빛 하늘 흰 구름 사이로 어머니 모습이 어른거린다. 근심 어린 눈빛으로 못된 생각일랑 절대 하지 말라며 손사래를 치신다.

신용 불량자의 아내와 자식들을 만들 수는 없었다. 이제 흐트러진 마음들을 추스르며 번민을 털어 내려고 한다. 어느 쪽을 선택한다 해도 고통은 따르는 법, 길게 늘어질 아픔은 포기하고 단기간의 극한 고통을 택했다.

살아온 날도 길었지만 살아갈 세월도 많이 남았기 때문이다. 모든 것이 내가 지고 갈 업보이려니 생각해본다. 몇 달간 찰거머리처럼 달라붙어 괴롭히던 갈등을 털어내기로 마음을 굳혔다. 오늘 밤, 잔잔하게 클래식이 흐르는 카페에서 미안함을 가득 담은 술잔을 아내에게 권하려 한다.

그래야만 내 마음에 봄이 올 것만 같다.

3부

개갑開匣

통통하게 살 오른 대추가 붉다. 수많은 시련을 견뎌내고 맛을 품었을 대추, 한 알을 따서 깨물면 입 안 가득 단물이 고일 것 같다. 자잘한 녹색 꽃을 뒤늦게 피우기에 몸집을 불리고 붉게 물드는 완숙기간은 짧기만 하다.

늘 궁금했다. 왜 사람의 발길이 닿는 집 안이나 옛 집터에만 대추나무가 있는지. 알고 보니 대추나무는 지표면으로 뻗는 뿌리에 의해 싹을 틔우며 종족을 이어간다. 나무도 단단하지만 대추씨는 더 단단하다. 복숭아씨처럼 반으로 갈라지지도 않는다. 그러니 열매가 땅에 떨어져도 싹을 틔울 수는 없다. 이런 수종은 개갑開匣이라는 인공 발아로 번식시키기도 한다.

인간도 별반 다르지 않다. 쉽게 임신이 되어 출산하는 가정이 있는가 하면 많은 시간과 비용 고통을 감수하면서 현대 의

학의 도움으로 잉태하는 임산부가 늘어나는 추세라고 한다. 그렇게 탄생한 생명일수록 오랜 기다림과 견디기 힘든 고통을 수반하기에 더 소중하게 느낄 것 같다.

인간의 잠재능력은 본인의 노력과 여건에 의해 무한한 가능성을 펼치기도 한다. 능력을 갖춘 원석을 발견하고 재능을 발휘할 수 있도록 잘 다듬고 가공하면 세상에 단 하나뿐인 훌륭한 보석으로 탄생한다. 일찌감치 눈에 띄어 능력을 발휘하는 사람이 있는가 하면, 뒤늦게 발굴돼 '저 사람에게 과연 저런 능력이 있었을까.'라며 놀라기도 한다. 아무리 재능을 가진 사람도 그 능력을 발굴하고 인정해 주지 않으면 사장되고 만다.

초등학교 4학년 봄, 전교 어린이 글짓기대회가 열렸고 〈봄바람〉이라는 동시로 응모했다. 자그마한 시골 학교였지만 최우수상을 받았다. 그날 "너는 글 쓰는 재주가 있다."라던 선생님은 내 안의 잠재된 문학의 씨를 보셨던 것이다.

나는 자력으로는 싹을 틔울 수 없는 단단한 대추씨였다. 문학의 스승께서는 열정적으로 내 표피를 얇게 갈고 적정온도와 습도를 맞추고 햇볕을 쬐는 개갑을 통해 수필이라는 싹을 틔우게 했다. 그렇기에 나의 글쓰기는 늘 겸손과 감사함으로 시작하며 진정성을 바닥에 깐다. 또한 받은 만큼 돌려주려 한다.

누구의 개갑을 위해 도움을 줄까라는 난제를 달고.

목에 관한 고찰

꼿꼿하지만 유순하다. 오직 머리만 받든다. 보려는 곳 소리 나는 곳 냄새에도 즉각 반응한다. 머리를 모시는 게 힘들다며 투정할 법도 하지만 그럴 기색은 없다. 어디 그뿐인가, 어디서든 껄끄러운 상대를 만나면 재빨리 고개를 숙이거나 돌려서 모면하는 기지도 발휘한다.

체중을 감당하는 무릎보다야 낫지만 머리를 담당하는 일은 녹록지 않다. 지시에 따라 수시로 위치를 바꿔가며 고달파도 꾹 참는 충직한 참모다. 어깨 다음으로 유연하면서도 정확하고 빠르게 움직인다. 앞뒤 좌우로 구부리고 회전도 가능하다. 주인이 잠들면 팔다리는 쉬지만 목은 그럴 복도 없다. 베개의 높이에 따라 구부리고 틀어야 하며 잠버릇이 고약하면 깨어있을 때보다 더 힘든 게 목이다.

반 뼘 길이의 목은 짧고 가늘지만 구조는 복잡하다. 두개골에 연결된 일곱 개의 경추는 척추와 이어진다. 혈액을 공급하는 대동맥과 통신망인 신경이 지나가고 밥의 통로인 식도와 숨의 길인 기도, 노래와 말을 할 수 있게 하는 성대가 있다.

각도에 따라 타자의 평가가 달라진다. 쫙 펴진 어깨에 곧추세운 목은 자신에 차 있다 하고, 푹 숙이고 다니면 기가 죽어 보인다고 한다. 지하철 의자에서 떨어질 듯 기운 채 졸고 있는 목은 고단함의 상징이요, 상하좌우로 쉴 새 없이 돌아가는 목은 탐을 위한 목이다.

중장년의 목을 보면 인생이 보인다. 얼굴이야 땅기고 펴서 팽팽하게 만들 수 있지만 목은 인간의 의술을 완강히 거부한다. 그러다 보니 목에는 그 사람이 살아온 내력이 고스란히 그려져 있다.

목은 항상 위험에 노출돼 있다. 유약한 목은 최고의 급소라 단숨에 제압하려는 맹수가 노리고 이성을 잃은 억센 손아귀가 강하게 움켜쥐는 것도 그곳이며, 장수의 칼날이 향한 곳도 목이고, 고달프고 험한 세상살이에 단 하나뿐인 생명을 버릴 때도 줄을 목에 건다.

태국이나 미얀마에 걸쳐 사는 소수민족인 카렌족의 여자들은 여덟 살부터 링을 끼워가며 목을 늘린다. 이는 아름답게 보이려는 것보다 밀림에서 양식을 구할 때 맹수로부터 목을 보호하기 위해서라니 왠지 짠하다.

목이 늘 고달프기만 한 건 아니다. 빛나는 주연에 조연이 필요하듯 짜릿한 키스도 목을 숙이고 들어주며, 서로 어긋나게 해줘야 뜨거워질 수 있으며 밤을 지새운 연인들에게 남겨진 흔적도 이곳이다.

목에 경고등이 켜졌다. 늘 숙이고 구부리다 보니 탈이 난 게다. 컴퓨터로 업무를 보고 책을 보며, 스마트폰에 푹 빠져 혹사당하다 보니 거북이 목과 일자 목이 된다. 목이 아파도 찾는 건 파스 몇 장뿐이다. 그러다 병이 더 진행돼 팔이 저리고, 머리 어깨 등이 심하게 아픈 목 디스크가 된다. 어깨가 아프다고 파스를 붙이고 안마기로 마사지를 한들 효과가 있을 리 만무하다.

요즘 들어 목 디스크로 수술하는 사람이 늘어난다고 한다. 치료보다는 예방이 우선이다. 짬이 날 때마다 목을 살살 돌려주고 앞뒤로 구부리며 쌓인 피로를 풀어줘야만 한다. 입안의 혀처럼 알아서 하며 아프고 힘들어도 칭얼대지 않는다고 속마저 편한 건 아닐 것이다.

질병 대부분은 잘못된 자세에서 온다. 목을 꼭 구부려야 한다면 가끔 풀어줘야 한다, 천정이든 뿌연 하늘이든 쳐다보며 긴장하지 않아도 좋은 느긋한 여유를 목에 주자. 한껏 젖혀야 편한 게 목이다.

빈번히 일어나는 교통사고, 에어백이 설치되지 않은 차를 운전하다 추돌하면 심한 경우 목뼈가 부러져 하반신 불구나

전신 마비를 일으키기도 한다. 누구도 예외일 수 없다. 얼마나 무서운 일인가.

목은 밥의 통로이다. 그런 목을 두고 생겨난 말이 있다. 목으로 밥알을 넘길 가족을 생각해 어쩔 수 없이 참아야 할 때는 포도청이요, 밥줄이 끊어지면 목이 잘렸다고 한다.

가볍게 숙이는 목은 예의이며 깊이 구부리는 건 겸손이다. 앞뒤로 끄덕거림은 이해며 긍정이다. 세상을 혼자 살 게 아니라면 도리질만 자주 안 하면 된다. 들고나며 통해야 하는 목, 밥이야 며칠 안 넘겨도 살지만 기도가 막히면 단 몇 분 만에 사지로 몰릴지도 모를 일이다.

모루

평생 맞으며 살아야 할 팔자다. 맞은 만큼 맷집도 늘었다. 귀는 막고 눈은 감았다. 앙다문 입에서는 간간이 신음만 흘릴 뿐이다. 자리를 옮길 수도 피할 수도 없는 운명이라 무시로 내리치는 메질을 받아내지만 세상을 탓하거나 원망하지는 않는다. 불현듯, 그런 모루가 보고 싶었다.

"땅~땅~땅" 경쾌한 망치 소리에 업혀 온 불내가 대장간이 목전임을 일러준다. 부러 찾기 전에는 보기 어려운 곳이다. 풀무질에 달아오른 화덕이 불똥을 튕기며 맑은 빛을 발하고 있다.

단단한 쇳덩이도 금방 뽑아낸 절편처럼 나긋나긋하게 만들어주는 화덕이 한 삽의 조개탄을 집어삼키고 거센 불길을 내뿜는다. 이마에 질끈 수건을 동여맨 대장장이는 벌겋게 달아오른 쇠를 잡으면 절로 팔뚝에 힘이 들어가는가 보다.

일부분 메질과 풀무질은 기계가 하지만 구상한 물건이 나오려면 아직도 손이 많이 가는 건 여전하다. 불과 쇠를 다루는 극한 직업이라 데이고 다치는 건 개의치 않는 대장장이다. 화덕만큼이나 뜨거워진 열정으로 달구어진 쇳덩이를 모루 위에 놓고 망치질을 한다. 말랑한 사람 마음에 자신의 뜻을 심기도 어려운데 단단한 쇠에 마음을 심어주는 작업은 아주 지난한 일일 거라는 생각이 든다.

힘껏 내리는 망치질에 달구어진 쇳덩이는 불꽃을 튕기며 비늘 같은 허물을 훌훌 벗어 던진다. 이전의 생을 잊고 대장장이의 혼을 새기겠다는 몸부림이다. 타는 듯한 열기를 몸으로 맞고 메케한 연기를 빨아들이면서 망치질은 둔재 같은 모루 위에서 끊이질 않는다. 타자의 시선으로 보면 손쉬운 것 같지만 눈물과 땀이 절묘하게 혼합된 망치질이기에 의도에 따라 그 모습을 드러내곤 한다.

불빛만 보고도 쇳덩이 온도를 아는 대장장이가 염두에 두는 것은 불을 피우고 달궈주는 풀무와 화덕이며 연장인 집게와 망치다. 늘 한자리에 붙박여 메질과 망치질을 당하며 늘려주고 구부려주며 뚫어주고 잘라주며 말아주는 덩치 큰 모루를 고맙게 여기지는 않는다.

고대에는 기술이 존재했지만, 현재는 그 기술을 복원할 수 없다는 로스트 테크놀러지의 하나로 분류되는 명검 다마스커스 칼을 비슷하게 재현하는 연산 대장간도 군말 없이 메질을 당하는 모루가 없다면 만들지 못했을 것이다.

자주 손질을 하는 화덕에 비해 모루는 나무토막에 발목을 단단히 잡힌 채 쇳덩이가 벗어던진 먼지만 뒤집어쓰고 산다. 대장장이의 손을 통해 만들어진 상품의 공도 당연히 화덕과 망치에 빼앗긴다. 그래도 늘 빙긋이 웃는다. 그런 모루는 혹독한 가난에 홀로 맞서 모든 고통을 겪으며 안으로 안으로만 설움을 삭이던 순박한 내 형 같다는 생각을 했다.

가산을 처분한 아버지가 가족을 떠날 때 6학년이던 형의 상급 학교 진학은 언감생심이었다. 그렇게 뼈를 키운 불운한 형이 맨손으로 시작한 신혼은 온통 가시밭길이었다. 피할 수 없는 운명을 몸으로 맞아야 했던 모루같이 덩치 크고 순해 터졌던 형은 목숨 걸고 수시로 무너지는 탄광의 막장을 드나들었고 주물공장에서 벌겋게 달아오른 가마솥 안의 흙을 파냈으며 식솔 입에 밥을 넣어주기 위해 막노동판을 전전했다. 집 없는 설움이 뼈저리던 당신에게 집을 제공한다는 말에 묘목농장에서 십여 년간 온 가족을 볼모로 밤낮없이 농장주의 만행을 받아주던 형을 떠올리면 나는 항상 가슴이 아리고 슬펐다.

사 남매의 아버지로 어머니와 동생까지 부양하며 당신은 몸을 혹사하며 아낌없이 주었다. 무엇을 바라지도 않았다. 홀로 자식 키우느라 강해진 어머니와 까칠한 동생의 메질과 수시로 내리치던 넷이나 되는 자식의 망치질도 군말 없이 받아들였다.

아프다 힘들다는 말한 번 못하고 메질을 당하던 모루 같은 당신을 열한 살 터울의 동생은 형은 늘 맞고 살아야 할 운명인 줄 알았다. 당신의 희생으로 등 따시게 밥술이라도 떠 넣고 살면서도 제대로 챙기지 못했다. 당신이 떠나고 돌아보니 내게 서운할 만도 한데 늘 고맙다 했다. 아버지 없이 잘 자랐고, 제 가정 꾸리며 두 권의 수필집을 엮어낸 것만도 자랑스럽다 했다.

메질도 망치질도 늘그막에는 그리 싫었는지 뻐꾸기 소리 유난히 구슬프던 날, 당신은 이태 동안 일상으로 찾던 야트막한 산자락에 숨어 나 좀 찾아보라 했다. 휴대전화만 켜있으면 금방 찾을 거라던 수많은 술래인 경찰기동대, 119구조대, 가족이 눈을 부릅뜨고 찾아도 꼭꼭 숨었던 당신을 7시간 만에 찾았으나 이미 모루같이 고달팠던 일흔다섯 이승의 끈을 놓은 지 한참 뒤였다. 혹여, 자식에게 긴병으로 부담 줄까 무섭다던 생전의 강한 의지를 심정지라는 사인으로 남긴 채.

그림을 찍다

귀한 것은 절대로 쉽게 보여주지 않는다. 가만있어도 숨 막히는 염천에 가풀막진 산길 시오리는 고행이었다. 생수 두 어 병을 마셔도 갈증은 이어진다. 군데군데 잠시 나서는 반그늘도 더없이 감사했다. 태고의 신비를 간직한 원시림을 찾는 길은 지난하기만 했다.

꼭 한 번 다녀와야지 하면서도 쉽게 나서지 못했다. 습기와 온도에 영향을 받는 이끼가 왕성하게 세를 불려 절정인 삼복더위에 높은 산을 오르내리며 8시간 운전의 당일치기는 무리였다.

역마살은 이번에도 통했다. 초복이 지난 지 닷새, 열대야로 밤잠을 설친 데다 어느 블로그에서 접한 이끼 계곡이 부채질했다. 약간의 간식과 생수를 준비하고 늑장 부리는 아내를 채근해 집을 나섰다.

가쁜 숨을 내쉬며 올라가도 보이지 않더니 계류의 존재를 알리는 울음소리로 가려져 있던 신비로운 세상과 마주한다. 오매불망하던 선경仙境이 눈앞에 펼쳐졌다. 와! 하는 탄성이 절로 나온다. 어쩜 저런 태곳적 풍경이 우리나라에 존재한단 말인가. 단 한 번도 인간의 발길을 용납하지 않았을 것 같은 경이로운 자연 풍광이다.

지표면을 막 비집고 나온 신성한 물로 목욕재계한 대단위 이끼군락은 원시림 비집는 빛 내림을 받아 눈부시도록 아름다웠다. 규모도 때깔도 풍광도 가히 환상적이다. 너른 바위너덜을 보드랍고 깔 고운 녹색 양탄자로 빈틈없이 덮었다.

마음 같아선 계곡으로 내려가 풍성하게 자란 보드라운 이끼를 만지며 느끼고 싶었지만, 나와 같은 생각을 하는 사람들이 많아진다면 잘 보존된 이끼 계곡은 영원히 사라질 거 같아 눈호강으로 만족해야 했다.

우리나라의 3대 이끼 계곡은 모두 강원도에 있다. 평창의 장전 계곡, 영월 천평 계곡, 삼척의 무건리이며 이중 가장 아름답고 규모가 큰 무건리 이끼 폭포는 해발 1,000m가 넘는 육백산, 핏대봉 두리봉 응봉산이 호위하듯 둘러싸고 있다.

갓 서른을 넘긴 무렵, 여름휴가 때 지리산 설악산 등 고산을 종주하면서 순간순간 변하는 운무가 그려놓는 선경을 보며 느꼈던 벅찬 감동을 아내에게 상세히 설명했지만 전혀 공감하지 못하는 걸 보고 생생한 영상을 전하기 위해 사진을 찍기 시작했다. 하지만 같은 사진을 보고도 느끼는 감정은 보는 이의 관점에 따라 달랐기에 깜냥도 안 되면서 그림 같은 풍경을 찍겠다는 꿈을 가졌다.

글도 많은 습작 뒤에 좋은 작품을 얻듯 사진에 미쳐 아름다운 풍광을 찾아 전국을 다니며 수많은 필름을 버려야 했다. 안목을 키우기 위해 다른 작가의 사진도 많이 봤는데 월간 사진 잡지에서 이끼 사진을 보고 깜짝 놀랐다. 열대우림에서 촬영한 것으로 보이나 넓은 지역을 모두 덮은 이끼와 하얗게 쏟아지는 폭포와 숲 사이로 내려앉는 빛이 환상적이었다.

사진작가들이 세상에 선보이는 멋진 이끼 계곡의 작품은 대부분 수동으로 셔터속도를 늦추고 조리개를 최대한 조여 흘러내리는 계류와 숲 사이로 쏟아지는 빛 내림, 바위를 덮은 녹색 이끼를 찍은 사진이다. 이런 사진은 촬영기법으로 형상을 변형시키고 편집기능으로 색감을 진하거나 부드럽게 편집하여 실물보다 훨씬 더 아름답게 보인다.

물이 흘러내리는 계곡은 흔히 볼 수 있지만 녹색 이끼와 잘 어우러진 몽환적인 풍경 사진을 찍을 수 있는 곳은 소수의 이끼 계곡에서만 가능하다는 것이 큰 매력이다.

흔히들 아름다운 풍광을 보거나, 잘 찍은 사진을 보면 한 폭의 그림이라고 한다. 왜 사진이 아니고 그림이어야 할까. 찰나에 실물을 담는 게 사진이라면 그림은 작가의 치밀한 구도 아래 추상이 가능하고 대상을 가감할 수 있기에 높이 평가받는 것이 아닐까.

쾌청한 날씨에 기울어진 해, 흐르는 수량水量도 적절해 좋은 그림을 얻기에 최적 조건이다. 수동 카메라는 아니지만 다양한 위치와 각도에서 셔터를 눌렀다. 기능을 단순히 해서 건지는 자연스러운 사진이다.

대형 모니터에 가장 마음에 드는 영상 하나를 조심스레 띄웠다. 화면 가득 고이 감춰두었던 태고의 신비가 펼쳐졌다. 무건리의 감동이 그대로 전해온다. 온몸에 소름이 돋는다. 이 한 폭의 그림을 찍기 위해 얼마나 오랫동안 벼르고 애를 썼던가. 다른 이의 평가는 알 수 없으나 내 눈에는 다시는 얻을 수 없는 한 폭의 귀한 진경산수화였다.

한 생도 어찌 보면 살아온 흔적을 고스란히 화폭에 담은 한 폭의 그림이 아니던가. 이순 중반을 넘어 돌아보니 지우고 싶은 부분도 있고 덧칠을 하고 싶은 부분도 있지만, 그 역시 내가 평가받아야 할 몫이다. 늦긴 했지만 이제라도 감동과 여운이 있는 그림으로 여백을 채워 볼 참이다.

태선 씨

이보다 더 경황없는 일이 있을까. 한 치 앞을 모르는 인생 여정이라지만 이럴 수는 없다. 세상이 몇 번 바뀔 만큼 세월이 흘렀지만 떠올리면 황망하다. 남이야 할 만큼 했고 어쩔 수 없다지만 당신은 죄인의 심정으로 살아야 했다.

" 누님, 어머니가 위독해요."

삼십여 년 전, 친정 남동생의 급보다. 오직 빨리 가야겠다는 것뿐 머릿속이 하얗다. 허둥지둥 역으로 달려가는 그녀는 집에 도착하기도 전에 운명하실 것만 같다. 빈농의 4남매 중 맏이라 상급 학교는 남동생들에게 양보해 더 속을 끓였던 친정엄마다.

예미역에서 곧장 택시를 타고 친정으로 덜컹대며 달리는 차 뒤를 까만 석탄 먼지가 저승사자처럼 따라붙는다. 불길하다.

왠지 임종을 못 할 것 같아 바작바작 입술이 타들어 간다. 살길을 찾아 대처로 나온 뒤 고만고만한 아이들 넷에 시어머니까지 모시느라 친정걸음 한 지가 언제인지 기억조차 없다. 그런 생각이 들자 억눌렀던 설움이 치밀어 오른다.

친정엄마는 매우 위중했다. 식도암이라 물 한 모금 넘기지 못하는 와중에 앙상한 뼈가 드러난 손으로 큰딸의 손을 잡고 거친 숨을 몰아쉰다. 초점 없는 눈을 마주치자 뭐라 입술은 달싹거려도 알아들을 수가 없다. 점점 애만 탄다.

"오늘 밤 넘기기가 어렸겠다."라는 큰어머니의 말씀이 그렇게 야속했다.

악재는 겹친다 했던가. 엎친 데 덮친 격이다. 친정에 온 지 하루 만에 날아든 남편의 전화를 받고 아연실색했다.

"조금 전 어머니가 돌아가셨어."

이 무슨 청천벽력인가. 퇴행성 관절로 무릎은 불편했지만 나름 정정하셔서 3주 전에 조촐한 고희연을 해드렸고 집을 비워도 끼니는 해결하실 수 있어 친정에 온 건데 눈앞이 깜깜했다. 가슴은 방망이질하는데 갈피를 잡을 수가 없다.

시어머니가 돌아가셨으니 당장 나서야 하지만 촌각을 다투는 친정엄마를 두고 떠나야 하는 현실이 암담해 눈물샘조차 막혔다. 돌아서면 다시는 못 볼 것 같아 미적거리자 동생들이 야단이다.

"누님, 사장어른 돌아가셨는데 얼른 가셔야지, 왜 그래요.

여기는 우리가 있으니 빨리 가세요."

어렵게 살다 보니 잘해 드리진 못했지만 나름 성심껏 모셨는데 하필 당신이 집을 비운 사이에 돌아가시다니 비통하고 죄스러웠다.

시부의 부재로 억척스레 4남매 키우느라 성격은 괄괄해지셨지만 속정은 한없이 깊은 시어머니셨다. 그런 어른이 싱크대에서 아침 준비를 하다 쓰러져 말 한마디 못하고 눈을 감은 게 한이 되었다. 당신만 집에 있어도 절대 그럴 일이 없었을 거라는 생각이 들자 친정엄마의 위중함마저 원망스러웠다.

급작스레 어머니를 잃은 시누이며 시숙, 시동생이지만 누구도 태선 씨를 원망하지 않았다. 그동안 진심으로 모셨다는 것을 잘 아는 데다 위독한 친정엄마로 인한 일이기에 다들 운명으로 여겼다.

정신없이 장례와 삼우제를 모시고 한숨 돌리는가 싶은 나흘 뒤 친정엄마는 끝내 예순넷의 한을 가슴에 결로 새기고 끈을 놓으셨다. 그것도 설 명절을 엿새 남기고.

시어머니를 모신 햇수는 14년이다. 시숙의 요청으로 시골집을 팔아 합치셨지만 한 달도 안 돼 갈등은 불거졌다. 고심 끝에 오갈 곳 없는 시어머니를 모시기로 할 때는 단간의 신혼이었다. 대궐 같은 남편 외가의 안채와 달리 손바닥만 한 방 하나에 부엌이 딸린 돼지우리 같은 집에는 삶이 고단한 여덟 가구가 연탄가스를 마셔가며 살았다.

구멍이 숭숭 뚫린 콘크리트블록으로 지은 벽에는 겨울이면 하얀 성에가 끼고 윗목의 물은 얼었다. 그런 집에서 섣달 초 태선 씨는 큰아이를 낳고 남의 살점 하나 없는 희멀건 미역국으로 젖을 불려야 했다.

막일하는 남편은 고단한 몸과 변화 없는 생활을 술로 달래다 보니 가끔 집에서 큰소리가 났다. 팍팍한 도심에서 스물서넛의 새댁이 시어머니에 철부지 시동생, 갓난아이까지 마치 십 년 같은 긴 한 해를 복작대며 보내느라 어둠이 살라 먹은 마당귀에서 입술 깨물며 삼킨 속울음은 그 얼마일까.

워낙 천성이 고운 태선 씨는 시어머니와 형들처럼 절대 안 산다며 제 배 먼저 채우던 밉상 시동생까지 성심껏 봉양하고 거뒀다. 게다가 몇 해 동안 시부 제사를 지냈다. 손 위가 있는데 왜 제사까지 지내냐며 입을 내밀 수도 있지만 그런 내색은 없었다.

돌아가신 시모의 나이가 됐지만 항시 생전에 더 잘해 드리지 못한 게 죄스럽다는 태선 씨는 평생 쌓은 공덕으로 딸 아들 사 남매 모두 잘산다. 늘 형수가 고맙다는 시동생이 명절에 과일 짝이라도 들여 주고 어쩌다 밥 한 끼 대접하면 자식들에게 꼭 전하곤 한다. 그러면서 부탁의 말도 잊지 않는다. "니들은 작은아버지한테 잘해야 한다."

아직도 매년 김장을 한 통씩 보내주는 태선 씨는 평생 쌓인 인연 빚을 갚아야 하는 환갑이 지난 시동생인 나를 보면 지금도 가슴이 짠하단다.

내가 더 잘해야 할 이유다.

등燈

달포 전 하지가 지났는데 해가 많이 짧아졌다. 같은 시간에 집을 나서지만 가로등 없는 산길은 걷기 힘든 어둑새벽이다. 산으로 접어드는 길목에서 손전등을 꺼내 스위치를 눌렀다. 하지만 이게 웬일, 겨우 반딧불이 정도의 불빛만 새 나온다. 오늘따라 휴대전화조차 챙기지 않았으니 후회막급이다. 산길은 요철이 심해 어림짐작으로 다니기 어렵고 산짐승도 있어 등이 절실한데 낭패다.

신경을 곤두세우고 등산로를 더듬거린다. 마치 두꺼운 천으로 눈을 싸매고 장애체험을 하는 것 같다. 지나가는 사람조차 없다. 그제야 무섭지도 않으냐며 이른 시간에 가지 말라던 아내의 말이 뇌리를 스친다. 발에 밟히며 부서지는 삭정이가 여느 때보다 더 요란하게 소리를 지른다.

덥기도 했지만 긴장한 등골에는 물이 줄줄 흘러내린다. 진즉 건전지를 바꾸고 손전등을 점검했어야 했다. 안전 불감증으로 수많은 인명피해를 현장을 보면서 탓만 했는데 그게 바로 나였다.

매일 새벽 야트막한 산을 찾은 지 두 해가 넘었다. 새해 첫날 해돋이로 찾은 게 인연이 되어 눈만 뜨면 집을 나선다. 때론 네 시 이전에 집을 나서며 잠 없는 탓을 하기도 한다.

원인原人이라 불리던 호모에렉투스가 처음 불을 발견하고 점차 음식을 익혀 먹고 동물을 쫓아냈다고 한다. 불의 발견은 인류문화에 커다란 변화를 가져왔으며 지금도 지속적으로 발전해가고 있다. 그런 맥락으로 보면 빛을 내는 등의 시원은 불이다.

아득한 기억 속의 등은 호롱불이었다. 됫병에 든 석유를 등잔에 가득 부으면 며칠 갔지만 아무리 조심해도 석유병을 만지면 한동안 손에서 냄새가 폴폴 날아다녔다. 호롱불 밑에서 공부해본 사람은 다 안다. 어둡다고 심지를 돋워보면 영락없이 콧구멍이 굴뚝이 되는 것을.

호롱불을 밀어내고 남폿불이 등장했다. 웬만한 바람에도 끄떡없던 밝은 남폿불은 늦은 귀가의 마중에도 동원되곤 했다. 5학년 초에 마을에 전깃불이 들어왔다. 강으로 흘러가는 봇도랑을 이용해 물레방아로 전기를 만들자 20여 호의 안방에는 13촉짜리 전구가 매달렸다. 껌뻑거리긴 했지만 호롱불 남포에

비할 바가 아니었다.

얼마 전 아내가 집 등을 모두 갈자고 한다. 친구 집은 LED등으로 교체해 대낮처럼 밝았다며 그리하잔다. 밝으면 마냥 좋기만 할까. 적당한 밝기가 좋지 않은가. 침실이라면 사물을 구분할 수 있을 정도의 빛이면 된다. 우리 집 앞에 있는 편의점 간판이 너무 밝아 수면 방해를 하는 것도 과한 조도 탓이다.

새벽 산을 오르다 보면 강한 불빛으로 잠시 앞이 보이지 않는 불편을 겪는다. 여든을 훌쩍 넘긴 등 굽은 할머니가 짐승이 무섭다며 서치라이트 기능이 있는 고가의 등을 아래위로 흔들며 다닌다. 당신이야 밝아 좋지만 상대는 매우 불편하다. 인기척을 느끼면 등을 내려주면 좋으련만 그대로 지나간다. "갑시다."로 통하며 가살 떠는 젊은 여자도 매한가지다. 어두워도 등 없이 다니던 그녀는 지나치는 불빛이 눈부시다며 손 갓을 하더니 정작 본인은 상대 얼굴에 강력한 등을 비추며 지나간다. 눈앞이 캄캄하다.

등의 본질은 오롯이 빛을 발하는 데 있다. 어둠 속에서 희망의 빛으로 존재와 위치를 알리며 휘황찬란한 불빛으로 흔들리는 마음을 유혹하기도 한다. 그런 측면에서 보면 개개인도 하나의 작은 등이라는 생각이 든다. 약간은 흐린듯하지만 자신의 역할을 잘하는 사람이 있고, 여력은 모자라면서도 필요 이상으로 밝은 빛으로 타자의 눈을 어지럽히는 사람도 있다.

나는 과연 어떤 등일까. 온전히 가족만을 비춰주는 것만도 부족한데 사람 좋다는 얘기를 듣느라 옛날 여관방의 벽 한가운데를 뚫어 매달았던 형광등처럼 방 양쪽을 비추는 호기를 부렸고, 앞서는 사람 뒤따르는 이를 위해 등을 비춰주곤 했다. 그러다 보니 정작 가족은 험한 길을 따라오느라 허방을 짚으며 고통스러워했다는 걸 미처 몰랐었다.

어둠이 깊고 짙을수록 등은 더 밝게 빛나기 마련이다. 아직 가야 할 길은 멀고 등을 켜야 할 시간도 길게 느껴진다. 내게 남은 빛이 얼마인지는 모르기에 흐려지는 등을 아껴가며 걷는다. 이제는 내가 비춰야 할 사람도 없고 나를 따라오는 이도 없다. 겨우 내 앞을 분간할 정도의 은은한 빛이면 그걸로 족하다.

감자

유년의 기억은 감자로 시작된다. 허기진 배를 채워주던 감자는 늘 가까이 있었다. 궁핍했던 1960년대 저녁은 찐 감자 몇 개와 한 사발의 오이냉국이면 만족했다. 냉국이 없어도 걱정할 일은 없다. 젓가락에 푹 꿰어진 감자에 고추장을 발라 먹으면 매콤하고 짭조름한 맛에 입맛이 동했다.

어느 것과도 잘 어울리는 감자는 식감이 단단한 강냉이밥을 부드럽게 할 때는 밥알과 몸을 섞여야 했고, 고추장을 뒤집어쓰고 냄비 안에서 불 고문도 당했다. 옴팍한 대접에는 간장으로 바짝 졸인 쪼글쪼글한 새끼 감자조림은 짭조름하면서도 쫄깃했다. 강판에 갈아 지진 감자 부침개는 별미다. 그러나 최강의 감자 요리는 감자를 썩혀 얻은 전분으로 만든 감자떡이다.

하굣길, 배고픈 아이들을 감자밭이 유혹했다. 줄기가 무성한 감자포기의 옆구리를 손가락으로 살살 후벼 파면 여물지 않은 밤톨만 한 뽀얀 감자가 얼굴을 내민다. 많이도 필요 없다. 서너 개의 감자만 따면 강가로 달려갔다. 물에 담그고 손바닥으로 살살 문지르면 얇은 껍질은 홀라당 벗겨졌다. 하얀 감자를 입에 넣고 씹으면 약간 아리지만 허기를 면하기에 충분했다.

내 고향 영월은 감자를 캘 무렵이면 전쟁터를 방불케 한다. 뜨거운 땅김이 훅훅 온몸을 휘감는 여름날, 그곳에 엎드려 적어야 서너 가마, 많은 집은 몇십 가마를 캐야 했다. 그 많은 양을 호미로 일일이 캐고 지게로 날랐으니 여간 고단한 게 아니었다.

일하기 싫은 일꾼의 몽니는 감자가 옴팡 뒤집어써야 했다. 호미에 찍혀 나오는 감자가 늘어났다. 상처 입은 감자는 보관할 수가 없다. 그런 것들을 활용한 게 감자를 썩혀 전분을 얻는 일이다. 감자 수확이 끝날 때쯤이면 집 앞 도랑가에는 하나같이 주둥이를 철사로 칭칭 동여맨 배불뚝이 큰 독이 자리를 잡는다. 그 독은 흙을 털어낸 호미에 찍힌 재수 없는 녀석, 굼벵이가 파먹은 놈, 메추리알만 한 작은 감자들을 모두 품어 안고 썩혀야 했다. 그러자니 자연스레 감자 썩는 구린내는 온 동네에 진동했다.

감자 전분을 얻는 일은 지독한 고행이다. 푹 썩은 감자를 빨래하듯 주무르며 껍질을 걸러내야 한다. 당연히 맨손으로 한다. 이렇게 걸러진 앙금은 수없이 물을 갈아 주면서 우려낸다. 그때쯤이면 자글자글 주름진 엄마의 손에서는 지독한 구린내가 났다. 나는 엄마의 그 손이 싫었다. 마흔하나에 낳은 철없던 막내아들은 냄새가 난다는 이유로 밀어냈으니 얼마나 난감했을까.

몇 해 전, 아내가 음식물 쓰레기통에 버리라기에 묵직한 종이가방을 들고 엘리베이터를 탔다. 출발하자마자 썩은 감자는 가방 안에서 동시에 탈출을 감행했다. 악취가 코를 찌른다. 출근 시간이라 동행한 서너 명이 코를 막고 고개를 돌린다. 연신 미안하다며 고개를 숙인 채 경황없이 썩은 감자를 성한 종이가방 한쪽에 쓸어 담았다. 바닥에 흥건히 고인 물은 손수건으로 처리했지만, 엘리베이터에 퍼진 냄새는 어쩔 도리가 없었다.

응급처치는 했지만 정작 손이 문제다. 몇 번을 비누로 빡빡 문질러 씻어도 냄새는 그대로다. 그것은 유년 시절 그리 싫어하던 엄마의 손에서 나던 냄새였다. 썩은 감자 서너 개로 이렇게 지독한 냄새가 나는데 큰독 가득 썩힌 감자를 맨손으로 걸러냈으니 오죽했으랴.

고구마는 달고 차지나 잘 체하고 날것도 조금 상하면 써서 먹을 수 없다. 하지만 감자는 달지 않지만, 은근하고 구수한 맛을 지니며 탈이 없다. 제 몸이 썩으면서도 독을 만들지 않고 온전한 먹을거리를 제공하는 것이 감자가 아니던가.

종잇장 같은 껍질만 남기도록 제 몸 썩혀가며 가라앉힌

전분은 마지막까지 인간에게 희생하는 감자의 영혼이다. 세월을 깔고 고행을 통해 썩혀서 얻은 전분으로 만든 까무잡잡한 감자떡이 더 쫀득거리고 맛있는 건 당연하다. 가치가 높은 것일수록 쉽게 얻지 못하는 게 세상 이치다.

사람들은 나를 보고 감자바우라 한다. 고향이 강원도라 늘 들어온 별명이다. 싫지 않다. 누가 뭐라 하던 이래도 흥 저래도 흥 하지만 속이 없는 건 아니다. 분별하되 분별하지 말라는 무심의 경지도 아니다. 그저 감자가 완전히 썩어 독이 없는 전분을 내주듯 그렇게 흉내 내며 살고 싶다.

까만 감자떡을 보면 지금도 가슴이 아리다.

사성암의 마을버스

사흘째 폭염 경보다. 절인 배추처럼 축 늘어졌던 몸이 섬진강 바람으로 기운을 차린다. 사성암 가는 길이다. 버스정류장에 도착하니 안내문이 길을 막는다. 전용 마을버스를 이용하란다. 도로가 조붓한 데다 꼬불꼬불하고 가풀막져 운전이 간단치 않은가 보다.

까만 선글라스로 기사는 한껏 멋을 부렸다. 바로 앞에서노 눈동자가 보이지 않는다. 큰 덩치에 걸맞게 품이 넉넉한 줄무늬 남방을 입고 헐렁한 반바지 차림이다. 트로트 가락에 맞춰 흥얼거리면서 굽은 도로를 따라 핸들은 잘도 돌린다. 완전히 물 만난 고기다. 핸들을 왼쪽으로 돌리면 원심력으로 승객은 오른쪽으로 밀리고, 오른쪽으로 돌리면 왼쪽으로 쏠렸다. 사방에서 놀이기구를 타듯 "오우" 환호가 나온다. 모두 즐기는지 불쾌한 기색이 없다. 스릴 넘치는 곡예 운전은 이어졌다.

사성암 주차장에 버스가 멈춰 선다. 여행객의 얼굴에 아쉬운 표정이 역력하다. 급경사에다 꼬불꼬불한 도로라 탄력을 받으려고 속도를 내는 건 불가피했는데 나름 즐긴 셈이다.

오르막길을 걷느라 가빠진 숨을 잠시 고른다. 바람이 끌어안은 풍경 소리가 마음을 다독인다. 사성암이다. 자리한 곳도 예사롭지 않지만 위태롭게 절벽에 서 있는 유리광전을 보니 혀가 내둘린다. 산세가 험한 이곳까지 자재를 운반해 절집을 지은 선인들의 고단함이 느껴진다.

사성암은 어디를 가든 길 양옆에는 하얀 마킹 펜으로 소원을 적은 기와가 쌓여 있다. 무슨 소망이 저리도 간절하고 많은 걸까. 늘어선 바위에 동전을 올려놓거나 걸칠 작은 턱만 있어도 다닥다닥 붙여놓았다. 동전 하나를 올려놓는 것 또한 가족의 건강과 평안을 기원하는 행위일 게다. 오백 원짜리 하나를 올려놨다. 자석이 끌어당기듯 달라붙는다. 기분이 좋다.

햇볕은 뜨겁지만 바람은 시원했다. 산사를 돌다 "정진 중이니 조용히 해 주십시오." 라는 팻말을 본다. 사립문 사이로 댓돌 위에 놓인 하얀 고무신이 한 폭의 정물화다. 안에 있을 스님 모습이 궁금하다.

내려가는 버스의 엔진 소리가 한결 부드럽지만 몸이 흔들리는 건 매한가지다. 자리가 운전석 바로 뒤라 기사의 뒷모습을 보니 큰 두상이며 돌돌 말린 파마머리. 큼직한 귀에 걸맞은 두툼한 귓불이 영락없는 부처다. 흔들리다 보니 어느새 정류장이다.

휴가 중 마지막으로 들른 사성암을 뒤로하고 귀가하는 차 안에서 아내의 행동이 이상하다. 배낭의 내용물을 모두 쏟아놓고 부산을 떤다. 휴대폰이 없단다. 차를 세우고 시트 밑이며 차 안을 샅샅이 뒤졌지만, 어디에도 없다. 낭패다. 구입한 지 얼마 안 된 스마트폰에 비상 연락망을 비롯한 연락처는 물론이요, 천여 장의 사진도 고스란히 담겨있어 더욱 허둥대는 것 같다.

아내의 휴대폰으로 전화를 했다. 신호음은 가지만 받지를 않는다. 발신 횟수를 거듭할수록 점점 애가 탄다. 네 번째 전화를 거니 그제야 받는다.

"여보시오."

굵직한 남자 목소리다.

"아! 그 휴대폰 주인인데 어디신지요?"

"아따, 사성암 마을버스 기사라요. 차 바닥에 굴러댕겨싸 보관하고 있응께 싸게 오시오 잉."

집사람이 급 반색을 한다. 너무 멀리 와 다시 돌아가기가 어려우니 수고스럽지만, 택배로 보내 달라는 부탁을 했다. 그분은 걱정하지 말라고 한다. 다행이다.

차에서 습득한 휴대폰을 팔아넘긴다는 뉴스를 본 적이 있다. 극소수겠지만 휴대폰을 잃고 속 태우는 주인의 심정을 헤아린다면 몇 푼 얻겠다고 양심을 팔아서는 안 될 일이다. 얼마 전에는 휴대폰을 돌려주는 조건으로 분실한 승객과 흥정하는 몰염치한 택시기사 이야기도 전해 들었다. 안타까웠다.

택배가 도착했다. 잃어버렸던 휴대폰을 보니 반가웠다. 기사분이 고마웠고 갚아야 했다. 구례읍의 과일가게를 검색해 최상품의 복숭아 한 상자를 배달시켰다. 전화벨이 울린다. 마을버스 기사다.

"워매, 요로코롬 안 해도 되는디 우째야 쓰까나. 요런 건 늘 하는 일이지라."

며칠 후 택배를 또 받았다. 사성암 마을버스 기사다. 택배박스를 열어 보고 전화를 했다.

"뭐 이런 걸 보내시고 그러세요, 잘 먹겠습니다."

"아 글씨, 보낼 게 마땅치 않아 매실청을 쪼까 보냈응께 드셔 보드라고요."

그날은 종일 먹지 않아도 배가 고프지 않았다.

까막눈

얼마나 답답할까. 보지 못한다는 건. 앞을 전혀 볼 수 없는 시각장애는 다른 장애보다 등급이 높다. 글을 읽지 못하는 것 또한 큰 고통이다. 사물을 볼 수 없고, 글을 보지만 읽지 못한다면 소통에 문제가 생길 수 있다.

티브이에서 한글을 배우는 시골 할머니들 이야기가 방영된다. 처음에는 크기도 제각각 삐뚤빼뚤하게 이어지던 글씨가 날짜가 지나자 어느 정도 모양을 갖춘다. 어르신들의 바람은 하나같이 자신의 이름을 쓰고 은행에서 남의 도움 없이 돈을 넣고 찾으며, 자식들이 보내는 휴대전화 문자를 읽고 싶어서란다. 그 모습을 바라보자니 내 어머니의 바람도 저랬을 거라는 생각에 가슴이 짠하다.

어머니는 까막눈이었다. 글자라고는 한 자도 모르니 당신의 이름조차 쓰기는커녕 읽지도 못했다. 그런데도 신기하게 천자문은 달달 외우셨다. 애당초 글은 배운바 없는 분이 한 자도 틀리지 않고 외우는 모습은 경이로웠다. 혹시 중간에 빼먹거나 틀리는 게 있을 수 있다는 생각에 천자문을 펴놓고 확인해 봐도 정확했다. 어릴 때 큰 외숙이 책을 펴놓고 읽던 천자문을 귀동냥으로 외우셨다고 했다.

사십여 년 전, 환갑을 앞둔 어느 날 어머니는 한글을 가르쳐 달라고 했다. 무슨 연유인지 몰라도 느닷없이 글을 배우고 싶다는 말씀을 귓전으로 흘렸다. 매일 열한 시간을 근무하는 데다 자전거로 먼 거리를 통근하다 보니 귀가해 씻고 나면 바로 곯아떨어졌다. 피곤하다는 구실로 어머니의 간절한 부탁을 외면했다. 연세는 드셨지만, 글을 몰라 얼마나 답답하고 불편한 가를 미처 헤아리지 못했다. 처음이자 마지막으로 글을 가르쳐 달라고 하셨는데 애지중지했던 자식은 거절한 셈이다.

마흔을 넘겨 낳은 늦둥이에다 아버지 없이 자라는 게 불쌍하다며 넘치는 사랑을 주셨다. 어머니는 뭐든 내 물건은 소중히 여기셨다. 버리려고 내놓은 옷가지며 물건들조차 깨끗하게 빨고 닦아서 보관하셨다.

입대하면서 삼 년 치 월급이 고스란히 들어 있는 통장과 막도장을 어머니께 맡겼다. 막내아들을 끔찍이 여기시는 분이시니 맡긴 것을 싸고 또 싸서 당신만 아는 곳에 숨겨놓았다. 더구나 잘 두라는 아들의 부탁도 있었으니 오죽했으랴.

어머니께 맡겼던 것은 내 돈이 아니었을까. 후반기 교육을 마치고 자대 배치를 받은 나에게 얼굴에 수심이 가득한 누나가 면회를 왔다. 매형의 갑작스러운 신병으로 가족이 모두 굶어 죽게 생겼다며 돈을 빌려주면 쓰고 꼭 돌려줄 테니 걱정하지 말라고 했다. 학교에 다니는 고만고만한 생질 넷에 여든을 앞둔 안사돈까지 모시는 처지니 어려운 생활고는 뻔했다. 하지만 선뜻 대답할 수가 없었다. 대학공부를 하기위해 정말 지독하다는 소리를 들어가며 모은 돈이다. 누나의 면회가 몇 번 이어졌다.

피는 진했다. 산 사람이라도 일단 살려야 했다. 어머니께 편지를 썼다.

"어머니 제가 맡긴 통장과 도장을 누나에게 주세요, 조금만 쓰고 채워준다고 합니다. 아무 걱정하지 마시고 주세요."

편지야 형님이 읽어주셨을 테고 며칠 후 찾아간 누나에게 어머니는 통장과 도장을 내주셨다.

제대 후 어머니는 보자기에 몇 번을 싸고 또 싼 물건을 내놓으셨다.

"니가 잘 보관하라던 것 여기 있다."

어머니는 통장을 건네받는 나를 흐뭇한 표정으로 바라보셨다.

통장에 예치된 액수는 당시에 허름한 집 한 채를 살 돈이었다. 돈에 한이 맺혔던 내가 이를 악물고 아껴가며 적립한 그

돈은 내 꿈을 실현하기 위한 성실한 안내자요, 든든한 후원자였다. 통장을 열어 본 순간 나는 온몸이 얼어붙었다. 설마 하고 눈을 의심하며 다시 봐도 숫자는 그대로다. 혹여 어머니가 눈치라도 채실까 봐 얼른 밖으로 나왔다. 아무리 참으려 해도 눈물이 그치질 않았다. 그렇게 간절히 쌓아 올리던 꿈은 일순간 흔적도 없이 무너지고 말았다.

그동안 한글을 가르쳐 드리지 않은 게 늘 마음에 걸렸었는데, 통장의 숫자를 확인하고는 어머니께 글을 가르쳐 드리지 않은 게 정말 잘했다는 생각이 들었다. 만일 막내아들이 그토록 어렵게 벌어 놓은 큰돈이 빈 통장이라는 걸 읽으셨다면 분한 마음이 화병火病이 돼 눈도 감지 못하고 일찍 돌아가셨을 게 분명했다.

돈을 쓰고 채웠다고 한 자식의 눈속임도 까맣게 몰랐던 까막눈의 내 어머니. 그게 편안하게 눈감으신 이유라니 안타깝고도 슬프다.

동거

정확하다. 시계를 볼 수 있으나 읽을 수 없는데 늘 그 시간이다. 노숙하던 그와 동거한 지 2년이 지났지만 여일하다. 한 침대에서 잔다. 귀찮아 밀어내면 다시 발치에 자리 잡는다. 누구를 탓할 수도 다시 거리로 내몰 수도 없다.

딱 어른 손바닥 크기였다. 하얀 바탕에 목부터 꼬리까지 군데군데 잿빛 털이 박힌 녀석이다. 얼마나 굶었는지 배는 등에 붙은 데다 비를 맞아 더 왜소하다. 혼자 떨어져 우는 걸 보니 어미를 잃었나 보다.

차량 사이를 옮겨가며 겨우 목 안으로 기어드는 소리를 내니 더 가엽다. 혹시나 하는 마음에 "양이야 양이야" 부르며 손을 내밀자 경계는 하면서도 천천히 다가선다. 앞서 부르던 사람은 피하기만 했던 녀석이다.

손에 안긴 고양이는 솜뭉치처럼 가볍다. 세상에 인연 아닌 게 어디 있으랴. 세차게 쏟아지는 장맛비를 다 맞은 채 살려달라고 애원하는 녀석을 외면할 수가 없다. 이 몰골을 목격한 이는 누구라도 측은하게 바라볼 수밖에 없다. 털을 말려주고 허기라도 면하게 해주고 싶었다. 강아지는 사람이 선택하고 고양이는 돌봐줄 집사執事를 선택한다는 말이 맞을지도 모른다.

고양이를 보는 아내 얼굴은 불편함이 역력했다. 집에는 이미 딸아이가 키우는 소형 견 몰티즈가 있었다. 오지랖이 넓어 데리고 왔다고 주장하는 아내와 달리 내 생각은 달랐다.

어머니를 잃은 건 아니지만 고양이와 비슷한 처지가 된 적이 있었다. 객지에서 공부해야 하는 데 가족의 도움을 받을 여건이 아니었다. 서로 돕는 조건으로 우여곡절 끝에 거둘 분을 찾았지만 모든 게 낯선 데다 고만고만한 초등학생이 넷이나 되는 가족과의 동거는 많은 어려움이 따랐었다.

데려온 고양이는 50여 년 전의 내 모습이었다. 타월로 닦아주고 헤어드라이어로 말려준 다음 애견 통조림을 주니 허겁지겁 먹는다. 배를 채운 고양이 눈이 스르르 감긴다. 잠든 고양이를 살펴보니 오른쪽 수염이 하나도 없다. 불에 탄 자국이다. 학대받은 흔적이다.

볼수록 안쓰럽다. 상처받은 고양이는 나를 어미로 알고 졸졸 따라다닌다. 거실에서 잠든 녀석을 두고 침실에서 자고 일어나니 발밑에서 웅크리고 자고 있다. 이렇게 가여운 한 생명을 거두는가 보다.

고양이는 주인에게 충성하지 않는다. 애교를 부리다가도 제 마음에 안 들면 금방 달려들어 물어뜯는다. 시기 많은 애첩처럼 심정 변화가 심하다. 배변은 실수 없이 깔끔히 처리해 신통하지만 영역을 표시하는 발톱 자국으로 소파며 의자와 벽지는 매련 없다.

길고양이를 거둘 줄은 몰랐다. 안쓰러워 데려왔는데 집에서 거두면 13년의 평균수명이 부담스럽지만, 그렇다고 고작 3년 사는 길고양이로 돌아가게 할 수는 없지 않은가. 상처받은 고양이라 더 그랬다. 아마도 나를 거뒀던 절약이 몸에 밴 함경도 출신의 아저씨도 내가 필요하면서도 한편으로는 불편하고 부담스러웠을지도 모른다.

통계에 의하면 우리나라의 반려동물 가족이 일천만 명을 넘어섰단다. 반려동물을 기르는 가정이 늘어나는 만큼 유기되는 동물 역시 급격히 늘어난다. 제주에는 들개가 출몰해 가축을 해치고 사람까지 위협한다는 뉴스도 나온다. 여름 휴가지에서 유기견이 많이 발견된다고 한다. 필요에 의해 기르다 쓸모없다 내몰고, 가족처럼 함께하다 병들면 버린다. 버려져 굶주린 채 주인만 기다리는 그 슬픈 눈을 떠올린다면 절대 못 버린다. 이기적인 인간이 말 못 하는 짐승에게 저지르는 무책임한 짓은 마땅히 처벌받아야 한다.

골골송을 부르며 애교부리는 고양이를 바라보면 웃음이 나고 행복하지만, 활동성이 많은 고양이와의 동거는 손이 많이 가고 성가신 게 사실이다. 게다가 강아지보다 외로움을 더 타는 고양이는 장시간 집을 비울 때는 딸아이가 친정을 오가며 돌봐주곤 한다. 하나를 얻으면 반드시 하나를 잃는 게 세상이치인 것을 새삼 깨닫는다.

우연이 필연이 되었기에 고양이가 명을 다할 때까지 함께할 생각이다. 오갈 곳 없는 나를 따뜻하게 거두고 품어줬던 그 가족을 떠올리며 동거를 할 셈이다. 어떤 어려움이 있더라도.

눈 내리는 날의 단상

새해 첫날 낙영산을 오른다. 능선에 올라서자 둘러선 산들이 더없이 평온하다. 공림사가 자리한 곳은 종일 햇볕이 들어 군데군데 있는 잔설과 마디게 자란 소나무와 기암괴석의 조화가 절묘하다.

음지쪽 눈길을 걸으며 어지러이 찍힌 발자국을 바라본다. 눈 속에서 먹이를 찾아다녔을 허기진 짐승의 퀭한 눈망울이 눈에 선하다. 가슴이 아려온다.

오십여 년 전, 눈을 뜰 수도 없을 만큼 함박눈이 퍼붓던 날이었다. 정강이까지 차는 눈길을 걸어 눈을 잔뜩 뒤집어쓴 채 마당으로 들어서던 누님의 모습이 떠올랐다.

아무런 기별도 없이 불쑥 찾아온 초췌한 누님의 몰골을 보자 어머니는 금세 눈물을 주르르 흘리셨다. 그렇지 않아도 일찍 시집보내 고생시킨다며 안쓰러워하시는 어머니였다. 아랫목에 깔아놓은 이불을 끌어다 덮어주며 연신 눈물을 훔치시던 어머니는 "썩을 놈."이라는 말만 되뇌셨다.

'썩을 놈.'은 눈 오는 날 저런 꼴로 친정을 찾게 한 매형인지 매형을 꼬여 가산을 탕진케 한 사람인지 알 수가 없었다.

누님의 두꺼비 등 같은 손만 봐도 안사돈과 올망졸망 커가는 사 형제를 부양하는 게 얼마나 고단한지 가늠할 수 있었다. 오죽 힘들었으면 엄동설한에 산 넘고 강 건너 백여 리 눈길을 걸어왔을까. 집을 나섰지만 막상 친정을 향한 발걸음은 천근만근이었으리라.

퉁퉁 부은 눈으로 친정을 나서던 그 날도 함박눈은 그칠 줄 몰랐다. 어머니는 새끼줄로 누나의 까만 고무신 가운데를 동여매주며 울고 계셨다. 팔다 남은 옷 보퉁이에 친정에서 얻은 서너 됫박의 양식을 이고 발자국마다 눈물을 찍던 누님의 모습이 아련하다.

잘살고 못사는 것은 팔자소관이라지만 짊어진 가난을 평생 떨치지 못하고 독거노인으로 사는 팔순을 넘긴 누님이 가엽다. 가끔 통화할 때면, "뭔 늙의 팔자가 이런지 모르겠다. 어머니처럼 얼른 죽었으면 좋겠는데 죽지도 않는다."라는 푸념을 늘어놓을 때면 답변이 궁해진다.

오랜 세월이 흘렀지만 지금도 눈이 쏟아지는 날이면 묻어둔 그리움과 아물지 않은 상처의 아픔이 밀려온다. 눈길을 헤치고 추레한 모습으로 집으로 들어서던 누나, 이승의 연을 끊고 어머니가 떠나시던 그 날도 눈은 발목을 덮었다.

이런저런 상념에 잠겨 산행을 마치려는데 갑자기 어둑어둑 해지는가 싶더니 함박눈이 쏟아져 내린다. 이파리를 떠나보낸 나목이며 세상에 드러나 있던 물상들과 바로 앞서간 사람들의 발자국조차 모두 덮어버릴 기세더니 금세 소복하게 눈이 쌓였다.

이제는 떠올리는 누님의 얼굴이 슬프지 않았으면 좋겠다.

4부

관계

따스한 햇살이 푹 퍼진 오후, 젊은 엄마들의 왁자한 수다가 유모차 대열을 몰고 간다. 그 뒤를 한 대의 휠체어도 따른다. 전혀 다른 광경이다. 휠체어를 밀고 가는 할머니의 구부정한 등에는 햇살이 시소를 타고, 펄렁이는 몸빼 사이로 바람이 경주를 한다. 미는 할머니와 앉아있는 할머니를 번갈아 바라본다. 얼굴로만 연세를 가늠한다면 서로 바뀐 듯하다.

휠체어를 밀던 할머니는 세상을 고단하게 사신 듯 주름이 자글자글하다. 밀려 올라간 윗입술이 코를 떠받치는 걸 보면 틀니조차 없으신 것 같다. 그래도 얼굴은 아주 편안하다. 외려 휠체어에 탄 할머니는 체구는 작지만 고급스러운 챙 있는 검정 모자에 옷도 정갈하다. 조용히 앉아 있지만 쉽게 범접할 수 없는 모습이다. 자주 지나치다 보니 두 분의 관계를 알게 되었다. 비슷해 보이는데도 놀랍게도 고부간이며 칠순을 넘겼을 듯한 휠체어를 밀던 수더분한 할머니가 며느리란다.

할머니 시대라면 고부갈등은 익숙한 단어다. 미뤄보아 소싯적부터 친근하고 정감 있는 대화는 언감생심이요 지적과 나무람만 있었을 것 같다. 시집살이가 고단했음을 가늠해본다. 혈연이 아닌 고부간 어찌 보면 며느리 입장에서는 가장 불편한 관계일 수도 있지 않은가. 하지만 그런 일이 언제 있었느냐는 듯 할머니는 당신의 숙명적인 관계에 순종하는 듯 보인다. 평생을 같이했기에 미운 정도 들었을 테고 거동이 불편한 시어머니를 향한 측은지심 일게다.

해가 갈수록 천륜조차도 등한시하고 가족관계도 예전 같지 않다며 많은 이들은 세상 탓을 한다. 점점 늘어나는 생명에 노인들의 여생이 걱정됨이 나만의 기우라면 얼마나 좋을까. 이순을 맞고서야 나와의 인연이 모두 소중하다는 생각이 드니 인생길은 참으로 알아야 할 것도 지켜야 할 것도 많은 어렵고 힘든 길이라는 생각이다.

관계적 동물이라는 인간. 따라서 가장 가까운 사람들과의 관계가 원만하고 친밀해야 행복을 느낄 수 있단다. 그런데도 나는 그 가까운 관계를 소홀히 하다 가슴을 치기도 했다. 어머니께 그랬다. 늘 머리가 아프다며 뇌선 봉지를 들고 사셨지만 병원에 모시고 갈 생각을 못 했다. 나이가 들면 으레 여기저기 아픈 줄 알았고 맥없이 갑자기 넘어져도 기력이 없어 그런 줄 알았다. 그런 어머니는 갑자기 뇌출혈로 쓰러지자마자 돌아가셨다. 얼마나 무관심하고 무지했던가. 지금 생각해도 죄스럽기만 하다.

인생이란 살면서 맺어진 인연을 관계로 이어가기 마련이다. 곧장 소멸하는 것도 있으며 오래 이어지는 것도 있고 좋은 인연도 악연도 있을 것이다. 좋은 연과 악연의 차이는 무엇일까. 세상을 조금 알 만한 나이가 되어 돌아보니 연이 문제가 아니라 바라보는 시선에 문제가 있었다. 등 돌린 악연의 관계는 상대를 배려하지 않거나 이해하려는 노력이 부족했었다는 생각이 든다. 떡 버티고 있는 자신은 그냥 놔두고 상대가 변하기만을 바랐기에 의견이 충돌하고 그로 인해 마음은 굳어져 갔을 것이다.

매번 봐도 시모를 휠체어에 태우고 항상 편안한 모습을 한다는 것은 미움도 원망도 모두 가슴으로 삭혔고 사랑으로 품었기에 가능했으리라. 형색으로 보면 당신 몸 추스르는 것도 녹록지 않아 보이는데 몸까지 불편한 시어머니를 봉양하는 건 정말 고단한 일이 아닐 수 없다. 노을을 가슴으로 안고 느릿느릿 굴러가는 휠체어를 한동안 바라본다.

인간 본연의 고운 풍경이다.

입을 논하다

얼굴 맨 아랫자리지만 생生의 통로이다. 타자와 가장 빠른 소통의 지름길이며 감정에 따라 무시로 형상을 바꾼다. 가장 많은 업을 쌓는 입은 걸음마를 막 뗀 아이처럼 조금만 방심하면 어떤 사고를 칠지 모른다.

입술

들고나는 몸의 관문이다. 코가 무인 검문소라면 경비병을 갖춘 입술은 제법 가려서 통과시킨다. 죄지은 자도 입술의 협조 아래 묵비권이 가능하고 이성간교제도 입술이 포개져야 달아오른다. 하여, 애정표현도 명줄 유지에 필요한 음식도 입술의 도움 없이는 불가능하며 몸 상태를 나타내는 바로미터이기도 하다. 입술이 파래지면 저체온이고 입술에 물집이 잡히면 고단하니 쉬라는 경고이다.

입술은 위아래로 구별되고 붉게 그어진 둘레에 따라 입의 크기를 가늠한다. 입술이 얇으면 입이 가볍다고 하며, 두꺼우면 입이 무겁다고 한다. 두꺼운 입술을 가진 사람이 가벼이 입을 놀리는 걸 본 적이 없다.

거울 속의 내 얼굴을 들여다본다. 두꺼운 윗입술이 얇은 아랫입술을 지그시 누르는 형상이다. 가벼이 입술을 놀리기 어려운 모양새다. 그러니 말이 많을 리 없다. 숫제 입을 닫고 있을 때도 있다. 그런 연유로 때로는 도도하다는 오해를 사기도 했다. 어머니를 닮았다.

이와 잇몸齒齦

이齒의 선공이다. 몸에서 나보다 더 야문 게 있으면 나오라며 내가 있어 그나마 잇몸이 보인다고 하고, 잇몸은 세상 구경 너보다 대여섯 달 먼저 했고 밑에서 꽉 잡고 있어 네가 존재할 수 있다고 한다. 서로가 필요한 존재지만 다툼은 있게 마련이다.

사람들은 대부분 막둥이처럼 이를 예뻐하고 잇몸은 늘 뒷전이다. 더러는 미용으로 원치原齒를 갈아내고 래미네이트로 씌우거나 임플란트로 고른 치열을 만들지만 시기 어린 잇몸은 짙은 보라색을 띠며 인공치라는 걸 알리는 내부자를 자임한다.

해가 갈수록 기대수명이 길어지는 요인 중 하나가 의치와 임플란트 덕분이라 한다. 음식을 잘게 부수는 치아의 기능은 소화흡수에 기여하며 씹으며 느끼는 맛은 살아가야 할 가치를 높인다고 한다.

치과를 좋아하는 사람은 없다. 하지만 아프면 용빼는 재주 없다. 앞에 놓인 모니터에는 소독된 기구만 쓴다고 나오지만, 입안에 고인 핏물을 빨아들이기 위해 남녀노소를 가리지 않고 입안을 넘나드는 석션호스가 영 마뜩잖다. 게다가 이를 갈 때는 온몸이 움찔거릴 정도로 시큰거리고 아픈 데다 앵앵거리는 소음 역시 싫다.

혀

눈빛만 봐도 알아채고 호흡을 맞추는 사람을 입안의 혀 같다고 한다. 혀의 본질인 미각 감지와 음식을 씹고 넘기는 데 충실하며, 상하좌우로 움직이며 정확한 발음에 공을 세운다. 그뿐 아니라 이성간 급격히 몸이 달아오르면 상대의 신체를 공략하려고 선봉에 서기도 한다.

따뜻한 말로 용기를 주거나 기운을 돋우기도 하지만 내뱉는 험한 말은 칼보다 더 깊은 상처를 주고 때로는 멀쩡한 사람을 죽음으로 내몰기도 한다. 우리 신체 중에서 손 다음으로 가장 못된 짓을 하는 게 겨우 십여 센티미터에 불과한 혀가 아닐까.

깜냥도 안 되면서 '언행일치를 좌우명으로 삼고 살았지만 실행은 어려워 늘 입조심을 하며 살았다. 불가에서는 '모든 재앙은 입으로부터 온다.'라고 법구경이 전하며 최고의 수행으로 묵언을 손꼽는다.

몸 안팎을 들고나는 것을 통제하는 입이지만 본능적 욕구에

매번 지고 만다. 입에 당기는 음식에 무너지고, 감정이 개입된 거친 말은 자업자득이 되어 돌아온다. 온화한 미소와 칭찬이 이상적이나 그 시간은 마냥 짧기만 하다. 수시로 돌변하는 입에서는 수많은 말을 자발 없이 쏟아낸다. '말이 씨가 된다.' '뿌린 대로 거둔다.'라는 의미를 되새기며 무심코 던진 말이 타자의 가슴에 못을 박지 않았는지도 돌아볼 일이다.

입을 다스린 결과에 존경도 사랑도 미움도 있는 것을.

아내의 시험

문틈 사이로 불빛이 새 나온다. 혹간 책장을 넘기는 '사그락' 소리만이 고요한 새벽을 가른다. 조급증에 세 시가 넘었지만 잠자리에 들지 못하고 시험 준비를 하는 아내다.

벌써 몇 달째인가. 밤이 깊도록 책과 씨름하며 괭이잠을 잔다. 저런 몸으로 출근하면 얼마나 피곤할까. 종일 직장에서 시달리다 집으로 돌아오면 많이 힘들어한다. 어떤 날은 그 짧은 눈 붙임에 앓는 소리를 내기도 했다.

잊을만하면 찾아드는 명예퇴직의 압력은 점점 거세지는데 회사를 정리하고 벌인 내 사업도 안정이 되질 않으니 아내의 쫓기는 듯한 심정은 이해가 된다. 그런 마음이니 불을 끄고 누워도 잠이 오지 않는 것은 어쩌면 당연할지도 모른다.

언젠가 다 그만두고 집에 눌러앉아 살림이나 하고 싶다며 넋두리처럼 내뱉던 아내의 말은 날 세운 비수로 내 가슴에 꽂히기도 했다. 아직은 그럴 수 없다는 걸 잘 아는 아내의 마음은 하루에도 몇 번씩 퇴직의 유혹과 힘겨운 공부라는 갈등으로 흔들리고 있다.

지천명을 바라보는 나이로 공부를 한다는 게 얼마나 어려울까. 대부분 암기해야 하는 과목은 한계가 있는 듯했다. 책을 읽어도 머리에 남는 게 없다던 아내는 고육지책으로 묘안을 생각해냈다. 책을 읽으며 백지 위에 낙서하듯 그림을 그리듯 빼곡히 쓰는 것이었다. 벌레가 기어가듯 조느라 겹쳐지고 겹쳐진 까만 점들은 마치 갯바위에 달라붙은 따개비 같다.

몇 달 동안을 천근만근에 무게로 내려앉는 눈꺼풀과 싸워가며 애면글면 준비한 시험 날이다. 부담 갖지 말고 차근차근 풀라는 당부를 하였지만 그 말은 긴장을 풀거나 문제를 푸는 데 아무런 도움이 될 수 없는 자조 섞인 푸념으로 내게 돌아왔다. 시험장으로 들어가는 사람들을 바라보니 대부분이 젊은 사람들이다. 고개를 숙이고 몸을 움츠린 채 걸어가는 아내의 뒷모습이 더욱 작아 보여 마음이 아렸다.

2년 후면 작은 아이가 대학에 입학하고 큰아이는 복학을 한다. 등록금이 분명 무거운 짐이 될 것 같아 저토록 직장이라는 끈을 잡고 떨어지지 않으려고 버둥대는 아내가 측은했다.

끌어안고 있는 짐들이 버겁거나 마음이 심란할 때면 언제나 묵언으로 반기는 산을 찾아 나섰지만, 오늘은 우암산을 넘어

상당산성까지 올라가 성곽을 한 바퀴 돌아 해거름에나 내려올 요량으로 산으로 향했다. 등산로에 접어들자 곳곳에 잔설이 깔려 미끄러운 산행이 이어졌다. 방송국 송신탑을 지나 정상에 올라서니 많은 사람이 운동을 한다. 젊음을 과시하듯 힘차게 철봉을 하고 훌라후프를 몇 개씩 돌리는 사람도 있다.

금방이라도 눈이 내릴 듯 뿌연 하늘과 둘러보니 바람결에 휘날리는 말갈기 같은 능선에도 잔설이 있는 응달에도 아내의 환영은 지친 모습으로 서 있다. 어느덧 멀리 산성이 눈앞에 보이고 등산로는 점점 넘쳐나는 사람으로 북적인다.

거친 숨을 몰아가며 오르자니 서너 걸음 앞에 서른 안팎의 부부가 손을 잡고 연신 행복한 웃음을 날리며 걷는다. 그런 모습을 보니 밤새워 책상에 앉아 시험 준비하던 짠한 아내 모습이 그려진다.

잠시 나무에 기대어 구절양장으로 살아온 지난날을 돌아본다. 삶이란 이렇게 험난한 것인가. 숲을 이루는 나무를 바라보며 저 나무들도 어쩌면 사람의 생과 다를 게 없다고 생각했다. 양지에서 자라는 나무가 있는가 하면 그늘에서 자라는 나무도 있다.

오늘은 숨이 턱에 차오르고 힘들어도 끝까지 걸을 참이다. 불혹의 반려자를 고사장에 들여보낸 미안한 마음을 앞세우고 내 삶을 반추해보며 걸어갈 셈이다.

짧지 않은 세월 부부로 살면서 시험보다 더 힘겨운 질곡의 삶도 살았다. 그런 삶으로 얻어진 것을 지켜가며 끝까지 함께 할 반려자이기에 아끼고 존중하며 살아가겠다는 다짐을 한다.

내년 이맘때는 아내와 즐거운 산행을 기원하면서.

구실口實

궁하면 내뱉는 약자의 변이다. 경우의 수에서 유리한 수를 선택한다. 쓸수록 대담한 수를 찾으며 그럴수록 관계망은 균열이 가고 삶의 기본바탕도 깨어지게 마련이다.

삼십여 년 전, 퇴근 무렵 후배가 찾아왔다. 같은 부서에서 근무했던 그는 퇴직 후 자동화 설비를 제작하고 있었다. 우리는 회사 근처 포장마차에서 소주잔을 기울였다. 빈 병이 두어 개로 늘어나자 입을 뗀다.

"형님, 직원 월급을 줘야 하는데 입금이 늦어 그러니 닷새만 500만 원을 빌려주시면 고맙겠습니다."라고 하였다.

"어쩌지, 나도 당장은 없는데." 두 사람 사이에 한동안 침묵이 흘렀다.

후배 얼굴을 보니 오죽하면 부탁하겠나 싶고 내일이 '근로자의 날'인데 월급을 못 받는 직원들 모습이 어른거려 마음이 약한 나는 이렇게 말했다.

"적금을 해지해 줄 테니 우선 급한 불은 끄게나."

집사람에게 의논도 없이 반년 남은 2년 만기 적금을 해지하여 빌려주겠다고 한 것이다.

후배는 본인 의지로 차용증도 썼다. 그 안에는 변제기일도 분명히 적혀 있었지만, 화장실 갈 때와 다녀와서가 다르다는 걸 그때는 미처 몰랐다. 빌려준 지 열흘이 지나고 한 달이 넘어도 기척 없다. '바빠서 그렇겠지'라며 이해하다 두 달이 넘어서자 전화를 걸었다.

"잊은 것 같아 전화했네."라고 하자

"형님 죄송해요, 곧 입금이 되니 조금만 더 참아주세요."라며 미안해했다.

전화를 거는 일이 잦아졌다. 그때마다 간을 봐가며 받는 이의 구실이 조금씩 수위를 높여갔다. 닷새 만에 찾아오겠다던 사람이 다섯 달이 되어도 나타나지 않았다. 그뿐 아니라 전화를 하면 분명 본인인데 사장님은 외출 중이고 자신은 동생이라고 둘러댔다. 사정이야 있겠지만 이것은 아니었다. 부아가 났다.

지금은 사라졌지만, 예전에는 남의 보증을 서주고 패가망신한 사례가 많았다. 삼십 오 년 전, 오백만 원은 큰돈이지만 못 받는 돈보다 갖은 구실을 붙이는 그 사람이 미웠다. 오죽하면

돈거래 하다 돈 잃고 사람 잃는다는 말이 나왔을까. 진즉에 알았으면 좋았으련만 그것도 비싼 대가를 치러야 터득하는 게 세상 이치였다.

적금 만기일이 지나자 은행에 근무하던 꼼꼼한 아내의 채근이 매서웠다.

"당신 신협에 가입한 적금 만기 지났잖아요, 얼른 찾아와요."

초가을 밤인데 어쩌자고 땀은 등줄기를 타고 줄줄 흘러내리는지. 잠시 궁리 끝에 입을 열었지만, 구실로 포장된 언어는 어눌하기 짝이 없었다.

"찾아와야지 요즘 일이 워낙 바빠 자꾸 잊어버리네, 알았어."

도저히 푹 잘 수 없던 새벽에 편지를 썼다. 돈을 받는 것보다 관계 속에 살면서 지켜야 할 도리와 신의에 대해 구구절절 마음을 울리는 문장으로 편지지 한 장을 빼곡 채웠다.

집 전화벨이 요란하게 울렸다. 후배였다. 집 앞이니 나오란다. 굴러온 낙엽이 쌓인 가로등 아래 그가 서 있다. 일하다 씻지도 못하고 왔는지 헝클어진 머리에 군데군데 기름이 묻은 얼굴은 핼쑥했다. 짤막한 키에 다부지던 예전 모습은 찾을 수가 없다. 사람 마음이 참 간사하다는 걸 느꼈다. 온갖 구실을 붙일 때는 그리도 얄밉더니 마주 대하니 안쓰러운 생각만 들었다.

구운 갈비와 술을 연신 그에게 권했다. 우선 허기진 배라도 채워주고 싶었다. 무슨 말을 하려 들면 서둘러 그의 입을 막았다. 말없이 술잔을 연거푸 비우던 후배가 벌떡 일어서더니 누런 봉투를 내민다.

"늦어서 죄송합니다. 형님 편지 읽고 많이 느꼈습니다."라며 고개를 숙인 채 눈물을 흘린다. 목울대가 뻐근했다. 무슨 말이 필요할까, 후배를 끌어안고 등을 도닥였다.

만약 돈을 갚으라고 다그쳤다면 지금도 불편한 관계로 남아있었을 텐데 그 사람 마음을 움직인 것은 상대를 배려하는 진솔한 한 통의 편지였다.

심리학자들이 주장하는 "인간 본성"을 들추지 않아도 이만큼 살아보니 알겠다. 잠시 위기를 모면하는데 구실보다 더 좋은 게 없다. 하지만 그 구실은 또 다른 구실을 만들고 신뢰할 수 없는 사람이 되는 것은 자명하다. 결국 그런 사람은 사회적 존재감을 느끼지 못해 행복하게 살 수 없다는 사실이다.

먼 길을 함께 가려면 줄여야 하는 게 구실 인 것을.

장갑

마주치면 가슴이 먹먹해지고 목울대가 뻐근해지는 물건이 있다. 수없이 마주쳐도 느낌이 같다면 분명 가슴 깊이 그리워하는 사람이 있게 마련이다.

어머니와 장갑

찬물에 손 넣는 날이 많은 늦가을이면 내 엄지손톱 양옆이 갈라진다. 수시로 핸드크림을 바르며 관리해도 아물지 않고 아파오면 나보다 몇 곱절은 더 심했던 오십여 년 전의 어머니가 보인다.

두 살 때 집을 등진 아버지. 머리가 커 집을 떠난 형들, 이런 저런 연유로 모두 떠난 큰 집에는 마흔 하나에 낳은 약골인 나와 어머니만 덩그마니 남았다. 맨손으로 가을걷이를 끝낸 어머니의 손마디 마디는 쩍쩍 벌어져 벌건 속살을 내보였다. 홀로 비알 밭에 짓는 강냉이 농사만도 힘겨운데 산에서 땔감을 해 나르고, 끝이 보이지 않는 집안일로 손은 거칠 대로 거칠어졌었다.

갈라진 어머니의 손을 보면 마음이 너무 아팠다. 하지만 열 살도 안 된 내가 할 수 있는 것은 소나무 송진을 따다 아궁이 불에 녹여 벌어진 손마디에 밀어 넣고 창호지를 붙여 드리는 것뿐이었다. 아버지 없이 자라는 내가 가엽다고 이불속에서 껴안고 도닥이던 손길로 이불이며 내 속옷은 군데군데 송진 꽃이 피기도 했었다.

김장을 하는 날이면 어머니의 고통은 극에 달했다. 갈라진 손가락 마디 사이로 맵고 짠 양념이 들어갔으니 얼마나 따갑고 화끈거렸을까. 그날은 밤새 방문 여닫히는 소리를 잠결에 들어야 했다.

나는 평생 장갑을 낀 어머니 손을 보지 못했다. 그래서 지금도 어머니의 손만 떠올리면 슬퍼진다.

하얀 면장갑

차에 두고 매일 만져보는 하얀 장갑이 있다. 보관한 지 700여 일이 지났다. 남들이 알면 참 별난 사람이라 할 일이다. 혈육은 아니지만 열다섯 나이 차에 십여 년 동안 깊은 정이 들었다. 수필 공부를 함께하면서 어머니 없이 자란 당신과 아버지

없이 성장한 나의 아픈 과거를 글을 통해 교감하면서 동병상련으로 지내다 보니 친동기간보다 더 살뜰히 챙기는 사이가 되었다.

"늙는다는 것은 몸도 마음도 굳어지는 병."이라고 늘 말씀하시던 당신은 화장실에 가 있는 시간이 길어지고 오줌발이 약해져도 나이가 들어 그런 줄 알았다. 그분께서 갑자기 병세가 위중해지고 두 번째 문병 갔을 때는 이미 얼굴조차 몰라볼 정도였다. 서울에 있는 큰 병원으로 가신지 채 한 달이 안 돼 차디찬 버스 바닥에 홀로 누워 살던 집을 둘러보고 목련공원으로 가셨다.

어머니 사후에 가장 큰 고통이었다. 고인을 위해 아무것도 할 수 없는 무력감이 더 힘들게 했다. 마지막 가시는 길 운구를 위해 장갑을 받았다. 선과 악이 공존하는 부끄러운 내 손을 가리기 위해 하얀 면장갑을 꼈다. 당신의 관을 들고 채 서른 발자국도 안 되는 거리를 걸으며 수없이 되뇌었다. '선생님이 제게 주신 정 절대 잊지 않겠습니다.' 돌아서기 전 장갑을 낀 손으로 당신이 누운 관을 한 번 쓰다듬었다.

내 차 운전석 문짝 포켓에는 그 장갑이 들어있다. 그분의 마지막 체취가 남아있기에 빨면 날아 갈까봐 때가 끼었어도 그대로 보관한다. 앞으로도 그럴 것이다.

사랑했던 사람이 다시는 올 수없는 길을 떠나면 체취가 남아있는 물건이나 그분이 필요로 했던 것들이 생생한 영상으로 남아있어 더없이 소중하게 느껴지게 된다.

타자에게는 비록 하찮은 물건이지만.

당신이 그리울 겁니다

부음 소식을 접하는 순간 절대자를 인정할 수가 없었습니다. 아직 당신을 필요로 하는 사람이 많은데 부름이라니요. 보내면 안 되는 임을 보내야 하기에 억장이 무너졌습니다. 금방이라도 어디선가 활짝 웃으며 오실 것만 같아 자꾸만 두리번거렸습니다.

'늙어 가는 것은 몸도 마음도 굳어지는 병.' 이라며 통증을 견디셨던 결과가 영원한 별리의 아픔이라니요.

"인생을 잘산 사람은 가장 가까운 사람들에게 인정받는 것이야."라고 말씀하시던 당신은 가족에게 존경받는 남편이자 아버지였지요. 하나 남은 아들을 위한 선친의 간절한 비손으로 영육을 키웠던 당신은 세상에 둘도 없는 효자라 생존 시는 물론이요, 사후 반세기가 지난 부모님 유택을 잡초 하나 없이 손질하는 극진한 효를 보여주셨습니다. 사회적으로는 자신을 태워 세상을 밝히는 양초와 같은 분이셨고 분별하되 분별하지 말라는 부처님의 말씀을 당신의 곧은 성정으로 수행하셨습니다.

교직을 평생의 천직으로 여기며 사랑으로 학생들을 보살폈고 결손가정의 학생을 온정의 손길로 보듬어 주셨지요. 성장한 학생이 군대에 가면 전방까지 면회를 가셔서 팔베개해 재워주던 학생이 한두 명이 아니었습니다. 학생들과 나눈 5,000여 통의 편지가 당신의 사랑 크기를 가늠케 했습니다.

초등학교 교장으로 퇴임 직후에 시작한 문학의 길에서도 당신은 빛이 났습니다. 열정적으로 하나같이 깊은 사유와 통찰의 글을 창작하시는 분으로 정평이 나셨지요. 수필창작반의 13년 개근에 매주 숙제를 빠뜨리지 않고 하셨던 전무후무한 모범 수강생이셨습니다.

수필집 《백팔 번뇌》 《강으로 지는 노을》 《부부백경》 과 시집 《사랑 빛 방황의 노래》 《바람의 언어》 두 권을 출간하셨고 사랑하는 제자들과 나눈 편지를 엮은 서간 문집 《사랑하는 사람아》 를 상재하였으며 미처 책으로 엮지 못한 두 권에 해당하는 유작도 남기셨습니다.

저와의 인연은 수필 교실에서였습니다. 작품을 통해 다섯 살에 어머님을 여의신 당신과 첫돌 이후 아버지 없이 자란 저와는 편부 편모슬하에서 자란 동병상련의 연이었습니다. 평생을 가슴에 담고 견뎠던 서럽고 외롭던 아픔들을 하나씩 끄집어 낸 작품을 낭송할 때면 그 아픔을 서로 나누곤 했었지요.

"어머니 얼굴은 모르지만 보름달이 둥글게 뜨면 자애로운 어머니를 달 속에서 찾으며 사춘기를 보냈다. 어머니 없는 내 가슴은 항상 겨울이요, 냉방같이 썰렁했다. 아버지가 두 몫의 일을 하셔도 내 가슴은 채워지지 않았다."라는 당신의 작품 〈월벽〉을 낭송할 때와 제 작품 〈섶다리〉를 낭송할 때는 함께 울기도 했었지요. 그런 당신이 제겐 형님이요, 아버지셨지요. 가게에서 일하다 혼자 끼니를 해결하는 아우가 마음에 걸려 입에 맞는 반찬이 있으면 싸 들고 두 시간이 넘는 먼 거리를 걸어오셔서는 운동 삼아 왔다고 말씀하셨지요. 그게 어디 한두 번이었던가요. 봄이 되면 살미면 설운리 선친의 유택을 손보러 가셨다 뜯어온 옻 순을 무쳐 오셨고 두릅은 필요할 때 먹으라고 생으로 갖다 주셨지요. 여름이면 상추와 실파를 깨끗하게 씻어 비닐봉지에 꼭꼭 눌러 동여매고 쌈장까지 만들어 오셨습니다.

"난 말이여, 상추쌈에 실파를 얹어 먹으면 제일 맛있어." 라며 저한테도 그리 먹길 권하셨던 당신은 집에서 담은 고추장이며 사촌 동생이 짜다 준 들기름 한 병도 제 몫이 되곤 했습니다. 늦가을 사모님이 담근 초고추도 한 통씩 주셨지요. 오 남매나 되는 당신의 자식보다 더 많은 사랑을 받는 것 같아 죄송스럽기도 했습니다.

당신께서 떠나신 후에야 얼마나 잘살아 오셨는지 또렷하게 보였습니다. 한없이 온화하고 부드러운 당신이었지만 올곧게 앞서 걸으셨던 그 길은 아무나 따라갈 수 있는 길이 아니었습니다. 진정한 어른을 보기 힘들다는 이 시대에 본이 되는 어른으로서 지워지지 않는 큰 족적을 남기셨습니다.

십여 년 동안 당신으로부터 남다른 사랑을 받았으면서도 저는 아직 부끄럽게 누군가에게 따뜻한 마음과 사랑을 베풀어본 적이 없습니다. 마음으로는 당신을 닮고 싶어 흉내라도 내보고 싶었지만, 제 안의 그릇이 너무 작아서 담을 수가 없었습니다.

가정 형편이 어려웠던 제자 재성이를 초등학교 4학년 때 만나 군에서 생활하는 전방으로 면회를 가고, 열 번이 넘게 여행을 같이 다닐 정도로 당신이 그렇게 애지중지하셨습니다. 그 아이가 서른 중반의 나이로 부모와 장지까지 함께했고, 저 역시 당신의 마지막 모습을 하나도 놓치지 않고 가슴에 담아 왔습니다.

당신이 잠드신 햇골에 연분홍철쭉이 필 때는 물론이요, 불현듯 당신이 그리워지면 좋아하시던 술 한 잔 올리러 달려가겠습니다. '바쁜데 뭐 하러 왔어.' 그렇게 나무라진 마세요. 당신이 제게 그랬듯 마음 가는 대로 하겠습니다. 죽는 날까지 잊을 수 없을 겁니다. 일곡 이재부 형님, 존경하고 사랑합니다.

합合

한자 중에 가람의 팔작지붕을 닮은 합合자를 좋아한다. 글자의 뜻도 마음에 들지만 참으로 보기에 안정적이다. 지붕 같은 사람 인人, 하나 일一, 입 구口가 합쳐진 글이다. 합하고 모으고 맞다로 사용되나 나는 합하고 모으는 게 좋다.

N포 세대*가 늘어난다. 연애하고 결혼하는 것도 자식을 위한 희생도 타자와 함께하는 불편함도 싫단다. 돈만 있으면 홀로 살아도 괜찮다는 생각이 고독한 섬을 양산한다. 이들은 타자와 관계를 맺지 않다 보니 정이 쌓이지 않고 그래서 일렁이는 그리움도 없다. 가슴보다는 머리로 관계를 맺어 등 돌리는 건 시간문제다.

편리함의 추구로 발전한 테크놀로지와 물질 만능주의가 빚어낸 부작용이라는 게 중론이다. 중용 중도는 기를 못 펴는데 비해 서구학문의 영향으로 고르기와 찍기는 달인이다. 남의 손이 필요치 않으니 굳이 같이해야 할 이유가 없다. 자신을 틀 안에 가두고 혼자만의 놀이에 빠져있다. 혼밥은 물론 그 어렵다는 혼술에 이어 혼자 하는 그 어떤 것도 이상하지 않다고 여긴다.

사실 복잡한 속내와 개성을 가진 사람끼리 합치려면 걸림돌이 많고 겨우 가까워졌어도 인고의 노력이 없으면 언제든 불협화음은 초래된다. 몇십 년을 살 비비며 살던 부부도 어느 날 갑자기 남이 되는 게 인간관계인 것을. 하긴 합이 쉽다면 굳이 논의하고 추구해야 할 가치이겠는가.

염천의 한낮에 소낙비가 쏟아진다. 펄펄 끓던 세상을 단박에 가라앉힌다. 이런 날은 마음이 먼저 고향을 찾아 나선다. 장마가 지면 달려가는 곳은 주천강의 합수머리다. 진한 황토물인 강물에 비해 부엽토를 흘러내린 계류는 연한 갈색이었다. 완연하게 다른 두 물이 합치는 광경은 그야말로 장관이었다.

성급하게 달려드는 계류를 살포시 감싸고 토라진 여인을 달래듯 도닥이는 풍경이다. 서서히 스킨십의 농도를 더해가는 강은 부드럽게 몸을 밀착시키며 은밀히 몸을 섞는다. 주천강과 엄둔천의 합일이다.

강물의 하나 됨은 절대 부딪침이 없다. 그러니 상처를 줄 일도 없다. 우의를 선점하거나 자기 뜻대로 하려고도 않으며 유유자적 흘러가며 상대와 보폭을 맞춘다. 자연이 보여주는 합의 묘수다.

우리나라에서 가장 장엄하게 두 강물이 하나가 되는 곳은 양평의 두물머리다. 강원도 태백의 검룡소에서 발원한 남한강과 북한강이 만나는 곳이다. 몇백 킬로미터를 흐르며 한껏 덩치를 키운 이들의 첫날밤은 신음이 들리질 않는다. 수많은 계류와 지류를 품어 안은 노련함으로 쾌감을 잠재운 탓이다.

혼인을 앞둔 강은 어머니 마음이다. 요구하는 게 없을 뿐 아니라 오히려 무엇을 해주면 좋을까 하고 고심하는 듯한 두물머리는 사계절 많은 사람을 불러들인다. 이곳을 찾은 사람은 만남이 오래가길 기원한다, 잠시 헤어진 사이라면 간절히 재회를 염원하는 곳이다. 소리 없는 두 강물의 합은 위대한 자연의 본질이기에 다스리지 못한 감정으로 툭하면 갈라서고 반목하는 인간이 본받아야 할 덕목이다.

해가 갈수록 연애도 결혼도 하지 않겠다는 사람과 결혼을 해도 아이를 낳지 않겠다는 3포 세대가 늘어난다. 이런 자식을 둔 부모 속은 까맣게 타들어 간다. 부끄럽지만 우리 아이도 속해 있다. 결혼은 했으나 아이는 낳지 않겠다는 자식을 설득하는 일은 난감했다. 끝없는 설득으로 생각을 조금 돌리긴 했지만 손주를 보는 일은 미뤄야 할 것 같다.

젊은 남녀가 짝을 이루고 자연스레 잉태된 뱃속의 생명이 나날이 변하는 과정을 느껴야 한다. 극심한 산고를 치르고 낳은 아이의 까만 눈동자와 자신을 닮은 아가의 미소를 보며 산다는 것에 대한 행복을 느껴야 함에도 짊어질 희생만 미리 계산한다. 뻔히 보이는 미래에 대한 조언은 잔소리로 치부하고 귀를 닫는다. 이런 부류는 지극히 이기적이라 희생은 언감생심이요, 쉽사리 남을 받아들이지도 인정하지도 않는다.

관계적 동물인 사람은 절대 홀로 살 수 있는 존재가 아니다. 혼자의 놀음에 심취해 때를 놓치면 외롭고 불행한 내일이 반길 것이다. 이런 세대를 위해 어떤 방식이든 함께 소통하며 자연에 순응하기 위해 가족을 이뤄야 함을 설득해야 한다. 장기적인 안목으로 청소년기의 조기교육도 했으면 좋겠다.

각기 다른 길을 흘러온 강이 합쳐 하나를 이루듯 서로 의지하고 정을 나누며 아름다운 자연 속에서 행복을 찾는 것이 인간 본연의 삶이다.

진정한 관계의 합승은 머리가 아닌 가슴을 열어야 가능하다.

*N포 세대: 인생에서 중요한 N개를 포기하고 사는 세대.

허리에 대해 말하라면

젊은 여성의 로망은 군살 없는 가는 허리다. 한쪽 팔에 쏙 안길 수 있는 그런 잘록한 허리는 남자의 끈끈한 눈길을 끌기에 충분하다. 이성간 사랑이 뜨거워지면 남자의 팔이 자주 찾는 곳이며 여자가 좋아하는 남자도 빨래판 복근을 앞세운 강한 허리다.

머리와 중요 장기를 떠받치고 하체를 이끄느라 고날프지만 정중하고 깍듯한 예의를 표할 때는 반드시 허리가 동참해야 가능한 일이다. 굽히면 굽힐수록 상대는 흡족해한다. 그렇다고 늘 구부정하게 숙이고 다니면 의욕이 없거나 자신감의 결여로 보여 만만하게 보일 수도 있다.

몸을 움직이려면 허리의 도움 없이는 아무것도 할 수 없다. 김연아의 고난도 트리플 악셀, 리듬체조 손연재의 뛰어난 테크

닉과 류현진의 강속구를 뿌리는 힘의 근원지가 허리다. 상대를 유혹하는 웨이브나 격정적 댄스인 살사 람바다의 빠르고 경쾌한 스텝과 더불어 무희의 관능적인 엉덩이의 놀림도, 이불 속 부부의 뜨거운 사랑놀이도 허리가 주도한다.

흉추와 연결되어 요추라 불리며 뼈와 연골로 마디마디 연결된 허리 자체는 아무런 힘도 없다. 다만 이를 감싸고 있는 탄탄한 근육과 인대가 앞뒤 좌우의 균형을 유지하며 때로는 강력한 힘을 발휘하기도 한다. 뻣뻣한 허리도 훈련만 잘하면 옆은 물론이요, 앞뒤로 유연하게 굽어지고 젖혀질 수도 있다.

직장생활을 하던 삼십 대 중반이었다. 허리통증으로 병원을 가겠다고 외출증을 내밀자 가자미눈을 하던 상사가 마음에 걸렸다. 고통을 참아야 하나, 심기를 건드려도 병원에 가야 하나를 고민했었다.

겉으로 드러나지 않는 요통은 꾀병으로 의심받기 딱 좋다. 정형외과에서 염좌 진단을 받고 약물과 물리치료를 병행했다. 한 달이 넘도록 매일 병원을 드나들었으나 치료를 받을 때뿐 다시 아팠다. 그러다 병원이 한산한 어느 날, 물리치료사가 내 귀에 입을 대고 속삭였다.

"아저씨, 젊은 사람이 자꾸 근육 이완제 주사에 약을 복용하고 기계로 허리를 당기면 건강했던 근육마저 약해지니 제가 알려주는 운동을 해보세요, 이 말을 병원에서 알면 절대 안 돼요, 그러면 저는 쫓겨나요."

병원의 방침에 반하는 물리치료사의 말은 허리와 복근을 강화하는 서너 가지의 쉬운 운동이었다. 직장이든 집이든 틈만 나면 운동을 했다. 참으로 신기했다. 2주가 지나자 확연하게 통증이 줄어들었다. 그 일이 있고 난 뒤 요통으로 병원을 간 적은 없었으며 지금도 무리를 해 허리가 시원찮으면 곧장 운동으로 해결한다.

축구 경기를 할 때도 해설자는 공격이나 수비는 허리가 튼튼해야 한다는 말을 강조한다. 그만큼 팀 경기인 축구에서 허리의 중요성을 강조하는 것이다. 인체도 이곳에 탈이 나면 눕지도 앉지도 서 있지도 못한다.

곳곳에 척추 전문병원이 들어선다. 급속히 증가하는 노령인구와 많은 시간을 의자에서 보내며 요통 환자가 늘어나기 때문이다. 최근 급증하는 디스크 환자의 시술이 대부분 불필요하다는 통계가 슬프게 한다. 틀어져 삐져나와 신경을 누르는 연골을 제거해도 재발은 시간문제다. 운동을 통해 근본적 치료를 권하는 병원이 많아지면 좋겠다.

건강한 허리는 바른 자세가 기본이다. 노년이 되어도 가고 싶은 곳에 가려면 당장 자세를 고치고 운동을 해야 한다. 조금만 방심해도 착착 달라붙는 뱃살로 인해 퇴화하는 복근을 단련해 단단한 허리를 만드는 게 쉽지 않지만 꼭 해야 한다.

등과 허리는 위아래에 있지만, 품성도 하는 일도 다르며 이를 자세히 보면 관계의 척도를 가늠할 수도 있다. 가까운 사이는 나란히 있거나 마주하며, 안고 기대는 일에 앞장서는 허리다. 반면에 등은 조금만 불편하면 획 하고 돌려버린다. 허리에 비해 탄탄하나 뻣뻣하고 소갈머리가 없다.

삶의 무게도 아버지 같은 등이 다 짊어지는 것 같지만 실은 고달픈 어머니 역할의 허리가 감당한다. 자식 같은 입과 손이 저지른 가벼운 잘못은 목이 고개 숙여 해결하지만, 심하면 무릎이 동참해 꿇고, 그것으로 안 되면 엎드림으로 더 낮춰 간절함을 보이는 유순한 허리야 말로 하심 그 자체다.

길어지는 수명, 안온한 삶을 책임지는 건 유연하나 강한 허리인 것을.

밥줄

더는 미적거릴 수 없다. 가족의 생존이 걸렸다. 죄짓지 않고 할 수 있는 마지막 선택이다. 수없이 많은 날을 뜬눈으로 밝히며 머리 맞대고 내린 부부의 결정이다. 그런데도 한 치 앞이 보이지 않는다.

절망의 늪에 빠져보지 않은 삶이 어디 있으랴. 좌절해 주저앉지만 포기할 수는 없다. 다들 잘사는 것 같지만, 가족에게 밥을 넘기게 하는 단순한 행위조차 쉽지 않은 사람도 있다. 끼니를 거를 수밖에 없는 절박함을 느낀 자만이 입으로 떠 넣는 밥의 고마움을 제대로 안다.

벌겋게 상기된 얼굴이 불쑥 가게로 들어섰다. 며칠 동안 우리 가게 근처에서 붕어빵을 굽던 삼십 대 중반의 아이 엄마다. 금방이라도 울음보가 터질 것 같다. 그녀는 더듬거리며 말을 꺼냈다. 슈퍼 주인이 당장 치우지 않으면 구청에 신고하겠다고 했단다. 그 말은 단순히 손수레를 치우라는 걸로 들리지는 않았을 것 같다. 생존을 위협하는 횡포였다. 얼마나 당황했을까. 그렇지 않아도 상가 주인들 눈치 보느라 정신없는 사람에게 그런 말을 했다니 심했다. 사실 인도는 매우 넓어서 보행이 불편하지도 않거니와 손수레가 그 가게를 가리지도 않았다.

장사 첫날, 그녀는 붕어빵 꼬리가 삐죽이 내민 봉지를 상가에 돌리며 연신 고개 숙이며 양해를 구했다. 첫인상은 둥근 얼굴에 커다란 눈이 순박해 보였다.

직장을 그만둔 남편이 자영업을 시작했지만 예상과 달리 적자만 늘어났다. 엎친 데 덮친 격으로 교통사고를 당한 아이 아빠의 치료비와 후유증으로 가게를 정리해야 했다. 적은 투자비에서 빚을 갚고 손에 쥔 돈은 겨우 붕어빵 손수레를 장만할 정도였다. 어린아이 둘을 유아원에 맡기고 어렵게 시작한 붕어빵 손수레조차 매정하게 내치니 얼마나 막막했을까.

일단 급한 대로 우리 가게 앞으로 옮기라 했다. "고맙습니다."를 연발하던 그녀는 자리를 옮겨 팥소에 눈물을 섞어가며 붕어빵을 구웠다. 어떤 경우라도 멈출 수는 없었다. 잠잠했던 며칠이 지나자 압력은 더 거세졌다. 아예 그곳에서도 하지 말라며 단단히 쐐기를 박았단다. 부부는 마음에 심한 상처를 입었다. '왜 그랬을까?' 붕어빵을 구워 판다고 그 가게에 피해를 줄까. 참으로 모진 사람이다. 도저히 이해할 수가 없다.

매섭게 눈보라가 치던 날 그녀는 내딛는 발자국마다 눈물을 꾹꾹 찍으며 시야를 벗어났다. 가슴이 아팠다.

이백여 미터를 옮겨간 곳에서 붕어빵과 호떡을 구웠지만 날씨가 점점 더워지자 손님이 뚝 끊겼다. 부부의 가슴은 새까맣게 타들어 갔다. 기득권을 내세우던 사람보다 숙녀복을 파는 노점상 아주머니 가슴이 훨씬 따뜻했다. 딱한 사정을 보다 못해 아동용 속옷과 성인용 잠옷을 팔아보라고 권했다. 진심 어린 그분의 권유를 받아들였다. 그것 또한 처음에는 어려움이 많았지만, 요일별로 장소를 옮겨 가면서 늘 웃으며 친절하게 손님을 대했더니 이제는 단골이 많아 자리가 잡혔다고 했다.

우리 가게 건너편에서 일주일에 두 번씩 노점을 펴는 건강한 그녀의 얼굴에는 여유가 넘친다. 유아원에 다니던 큰아이가 어느새 6학년이 되었다. 그 가족에게 7년이란 세월이 수월하게만 흘렀을까. 기후에 민감한 노점이지만 찾는 손님들에게 항시 넉넉한 마음으로 대했고 손수레를 치우라고 매몰차게 대했던 사람도 마음으로 끌어안은 아이 엄마는 필요한 물품은 그 가게서 사 간다고 했다.

경기가 어려워지면 노점이 늘어난다. 그만큼 살기가 어렵고 팍팍한 셈이다. 더 이상 견디기 어려울 때 최후로 선택하는 게 길거리 장사다. 수없이 고민하다 노점상이라는 이름으로 쭈뼛거리며 나서지만 자칫하면 내몰리기 십상이다. 자신의 상가 앞에 들어선 노점이 불편하다 여기는 사람도 그들이 있어 더 많은 행인이 찾아온다는 사실을 알면 배척의 대상이 아니라 공존의 동행으로 여기게 될 것이다.

언제라도 그들의 노점에 나타나면 보고 싶은 친정 오빠를 만난 듯 활짝 웃으며 달려오는 그녀다. 그런 옆에는 늘 빙긋이 웃는 순해 터진 남편이 있다. 아주 오래전 알량한 인정을 베푼 대가치곤 과분하다. 그럴 때마다 잘 우려낸 연꽃차 한 모금을 목으로 넘긴 기분이다. 그윽한 연꽃 향이 온몸에 퍼지는 것 같다. 그 부부를 보면 어찌 살아야 하는지 명징해진다.

미욱한 어미

해거름에 산에 올랐다 서둘러 하산하는 길이다. 살아온 세월의 흔적을 얼굴에 깊게 새긴 노 보살이 사색이 되어 팔을 잡는다.

"아저씨, 나랑 법당에 좀 가유."

"왜요?"

"아 글씨 아까 전에 젊은 여자가 법당 안으로 들어가는 길 봤는디 암만혀도 그 사람이 사체를 두고 간 것 같아유.

순간 머리카락이 쭈뼛 서고 머리가 복잡해졌다. 야멸차게 뿌리칠 수도, 사체를 확인하는 것도 마뜩잖지만 쉽게 거절할 줄 모르는 나는 보살을 따라 법당에 들어섰다.

지난겨울 들어 가장 추운 날이라 귀가 떨어질 지경인데 법당 안은 바깥보다 더 춥게 느껴졌다. 영가단 앞에 쌓아놓은 밤색 방석 위에는 담요로 돌돌 말아진 작은 물체가 놓여있다. 섬뜩하다. 엉거주춤 다가섰지만 미동조차 없다. 궁금했으나 쉽게 풀어 볼 용기가 나지 않는데, 속 타는 내 마음을 아는지 모르는지 노 보살은 멀찌감치 떨어져 관세음보살만 찾고 있다.

한참을 머뭇거리다 느슨한 위쪽을 풀자 갓난아기 머리가 쑥 나온다. 까만 머리에 눈을 감고 있는 얼굴이 온통 푸르다. 헉하고 뒷걸음질 치는 몸에는 소름이 확 돋는다. 어쩌자고 갓난아이를 이런 곳에. 당혹스럽고 암담했다. 혹시 하는 마음으로 아이 얼굴에 조심스레 손을 대봤다. 얼음장이다. 절망감에 손을 떼려는 찰나 아이의 작은 입술이 내 손에 닿았다. 부모에게 버림받고 간당거리던 생명의 불꽃이 되살아나는 순간이다.

나는 보살을 향해 "살았어요."라며 소리를 질렀다.

급히 열풍기를 가동하고 그 앞에 아이를 두었더니 얼굴에 화색이 도는 아이가 숨이 넘어갈 듯 울어댄다. 배가 고팠나 보다. 법당을 둘러보니 어미가 두고 간 듯한 작은 종이가방이 있다. 안에는 병원에서 챙겨준 분유 기저귀 물티슈가 들어 있고 우유병에는 살얼음이 낀 우유가 있다. 중탕으로 덥힌 몇 모금의 우유를 빨던 아이는 다시 스르르 눈을 감았다. 잠든 아이를 보는 마음은 너무도 애잔하기만 했다.

출동한 경찰이 성별 확인을 위해 담요를 벗기고 포대기를 풀어 기저귀를 들추니 여자아이이다. 배에는 분홍집게로 집혀진 채 떨어지지 않은 탯줄이 붙어 있다. 어미가 버렸지만 생명의 끈인 탯줄을 매달고 있어 더 짠했다. 매정한 어미는 아이로부터 탯줄만 끊은 게 아니었다. 천륜마저 끊어버린 것이었다.

어둠이 내려앉는 산길을 터벅터벅 걷는다. 자꾸만 아이의 얼굴이 눈에 밟힌다. 대체 아이가 무슨 죄인가. 무서운 세상에 태어난 게 죄라면 죄겠다. 열흘도 안 되는 핏덩이가 영하 10도의 강추위에 법당에서 밤을 새웠다면 여린 불꽃은 꺼지고 말았을 것이다.

아이 생각을 하자니 내 어머니가 그리웠다. 전답에 몸 하나 누일 곳 없이 처분해 떠난 아버지의 가뭇없는 부재로 남은 다섯 식솔은 극심한 고통을 견뎌야 했다. 어머니는 머리 큰 누나와 형을 돌봄은 물론이요, 첫돌이 안 된 내게 빈 젖을 물리며 이를 악물고 끝까지 품으셨다.

제 목숨을 버리면서도 새끼를 지키려 드는 게 어미인데 무슨 사연이 있기에 저리도 모질게 했을까. 일면식도 없는 어미지만 측은지심이 들었다. 준비 없이 얼음장 같은 인생길에 오른 미숙한 어미도 핏덩이도 안쓰럽다. 그래도 얼음장 밑으로 봄은 오고 있겠지.

아내의 장갑

하찮은 물건을 소중하게 보관한다는 것은 분명 이유가 있다.

마흔 살 나이가 머지않다. 그 시절, 오십 원짜리 동전 하나면 충분했다. 몇 번의 이사를 하며 쓸모없는 살림을 정리했지만 늘 그 자리에 놓여있다. 혹여 없어지기라도 할세라 안방 문갑 서랍에 있는 물건은 손대면 금방이라도 바스라질 것 같은 묵정이다. 하얗고 곱던 모습은 오간 데 없고 누렇게 바랜 데다 때까지 끼어 꾀죄죄한 몰골이다. 사람이나 물건이나 세월을 비껴가지는 못하는가 보다.

하얀 망사장갑을 꼈던 날은 풋풋한 스물다섯 나이로 면사포를 썼다. 장갑 안에 감췄던 부끄럼 많은 신부의 손은 장갑 속에서 십 년 전에 돌아가신 장인어른이 잠시 잡았고 그다음 내가 잡은 셈이다.

뭐든 잘 버리지 않는 아내지만 결혼식에 입고 신었던 옷이며 신발은 그 어디에도 없다. 그런데도 유독 끼었던 장갑만 저리 간직하고 있다. 아내는 잊힐만하면 한 번씩 성혼선언문 위에 있는 장갑을 물끄러미 바라볼 뿐 내색은 없다.

어느 날 시치미 뚝 떼고

"서랍 안에 있는 장갑 버릴까"

말이 끝나기도 전에 아내가 펄쩍 뛴다.

"안 돼요, 절대"

이보다 더 강렬한 의사 표현이 있을까. 가치가 아닌 장갑이 지닌 역사와 상징성에 무게를 둔 아내의 완곡한 표현인 셈이다.

우리 부부의 인연은 예고 없이 불쑥 들이닥쳤다. 직장 친구인 우리 일행은 청주 성안길에서 친구를 만났고 그 옆에는 여자 둘이 있었다. 알고 보니 한 명은 친구의 여자 친구였고 다른 여자는 동료였다. 우연한 기회라 남자 넷 여자 둘은 같이 밥을 먹고 탁구도 쳤다. 피가 뜨겁던 나이인데도 아무런 설렘도 없던 나와는 달리, 첫눈에 이런 사람이라면 결혼해도 좋겠다고 믿은 아내와 단 한 번의 만남으로 가정을 꾸렸다.

예쁜 꽃이 열흘을 못 넘기듯, 불덩이 같던 가슴은 왜 그리도 빨리 식어버리는지. 손을 데일 것 같은 뜨거운 가슴으로 연을 맺었지만 익숙해지면 잘해주는 것은 기본, 눈에 거슬리는 것만 쌓아놓다 사소한 불씨로 싸움이 되기도 한다. 파경은 아니지만 우리도 서너 번 고개를 넘었다.

인간은 자기중심적이며 이기적이다. 나이가 들수록 점점 그 정도가 심해간다. 나 또한 그 범주에 들어있다. 그러다 보니 사람이 변한다는 게 쉽지 않다는 걸 알면서도 서로 상대만 탓하면서 관계를 악화시키기도 했다. 나를 먼저 돌아볼 일인데도.

침대에서 바라보면 잘 보이는 곳에 장갑을 보관한 이유를 어렴풋이 알 것만 같다. 이제는 뵐 수 없는 친정아버지의 체취가 남아있고 잘 살겠노라 다짐하며 두 사람이 꼭 잡았던 장갑이니 어찌 버릴 수 있냐는 마음이다. 어디 그뿐이랴, 살면서 알게 모르게 변해가는 자신을 다독이고 장갑을 낀 채 주례 앞에서 다짐했던 언약을 되새기고 싶은 것 같다. 한편으로 사람이 좋아 밖으로 나도는 나를 보고 결혼 전 약속을 기억하고 지키라는 압력이기도 하다.

타자의 눈에는 한 켤레의 낡은 장갑으로 보이지만, 오랜 세월 아내를 가슴에 품고 도닥이며 살아온 것이나 매한가지다. 피붙이 하나 없는 타관으로 시집와 양보하고 단념하며, 때로는 미움도 원망도 저 혼자 삭히는 답답한 아내의 가슴을 끌어안고 보듬어준 셈이다. 그런 장갑의 의미를 알고 나서는 나 역시 많은 성찰의 시간을 가졌다. 이만큼 가정을 꾸리고 살 수 있는 것도 장갑의 의미를 소중히 여기는 아내 덕분인 것을.

남여사의 금고

고희를 앞둔 남여사와의 인연은 7년 전이다. 군살 없는 아담한 체구에 얼굴은 고왔지만, 손마디는 굵고 거칠었다. 그녀의 지난한 인생이 그려졌다. 하루 열두 시간 식당에서 일하는 터라 1년에 두 번은 건강식품을 찾았다. 그렇게 하지 않으면 견뎌낼 수가 없다고 했다.

주색잡기에 능한 남편과 더는 살 수 없어 서른 중반에 자식을 데리고 갈라섰단다. 그렇게 삼십여 년 동안 닥치는 대로 남의 일을 하며 두 아들을 가르치고 짝까지 맺어 주다보니 노후 준비는 언감생심이다.

젊음과 건강을 희생하며 번 돈도 남은 게 없단다. 심성이 고운 그녀는 몇 해 전에도 사정하며 매달리는 지인에게 제법 많은 돈을 빌려줬다가 떼였고, 그 후에 얼마간 모은 돈은 사업

자금에 보탠다며 가져간 아들은 감감소식이란다.

몸이 예전 같지 않은걸 느낀 그녀는 다급했다. 자식이 외면할 노후를 위해서라도 다시 돈을 뺏겨서는 안 되었다. 숨기는 것도 한계가 있고 어디에 맡길까 고심하다 내 얼굴이 떠올랐다고 한다. 오랫동안 가게를 드나들다 보니 이 사람은 믿어도 될 거 같다고 했다.

"사장님, 통장 계좌번호 좀 적어주세요."

"계좌번호는 뭐 하시게요?"

영문을 몰라 어리둥절해 하자 그녀는 말을 이어갔다.

"사장님 통장으로 월급을 보내라 하게요, 내 이름으로 만든 통장이나 돈을 집에 두면 아들한테 다 뺏겨요, 아무리 감춰도 귀신같이 찾아내요."

귀를 의심했다. 잘못 들은 게 아닌가 싶다. 급여 이체를 내 통장에 한다는 것도, 불혹의 형제가 돈을 뺏어 간다는 것도 처음에는 믿기지 않는다. 설득하느라 풀어놓은 속내를 모두 듣고 나니 안쓰럽다. 봉양은 고사하고 노모를 힘들게 하는 자식이 미웠다.

이런 부탁도 쉽게 한 것은 아니었다. 몇 날 며칠을 따져보고 고민하다 내린 결론인 듯싶었다. 한동안 침묵이 흘렀다. 아무리 그래도 선뜻 그리하겠다는 대답은 할 수가 없다. 머릿속이 복잡했다. 세상에 일어나는 갈등 대부분이 돈과 관련이 있다. 금이 갈 줄 모르던 좋은 관계도 돈으로 멀어지는 걸 수없이 봐왔다. 당신도 피붙이가 못 미더워 내게 맡기려는 게 아닌가.

"남여사님, 저를 믿는 건 고맙지만, 돈 때문에 사이가 나빠질 수 있으니 맡을 수 없습니다. 제가 사업이 안 되면 그 돈을 쓸 수도 있고 사정에 따라 떼일 수도 있어요."

그녀는 웃으며 말을 이어간다.

"사장님은 절대 그럴 사람이 아니라는 걸 알지요."

"아니요. 사람 속은 정말 몰라요."

오가는 실랑이 속에 거절의 목소리는 점차 누그러들고 남여사의 목소리는 부드러웠으나 구사하는 언어는 갈수록 완곡했다.

모처럼 그녀가 쉬는 날, 모서리가 닳은 허름한 종이 가방을 들고 가게로 들어섰다. 뭐냐고 묻자 돈이란다. 들여다보니 돈다발이 가득했다. 액수도 2천만 원이 넘었다. 황당했다.

"아니, 위험하게 이 많은 돈을 들고 다니면 어떡해요?"

"괜찮아요. 누가 이걸 돈이라고 생각해요. 이 돈이랑 통장에 들어온 다섯 달 치를 합쳐 예금해 주세요."

그녀는 큰돈을 들고 왔지만 담담했다. 가져온 돈은 비닐로 싸고 또 싸서 화단에 묻어놨던 거라 눅눅했다. 매달 급여로 받아 모은 돈이다. 원룸은 전세라 돈이 안 드는데다 아침은 거르고, 점심 저녁은 일하는 곳에서 먹고 소소하게 드는 돈은 노령연금으로 해결한단다. 만약 돈이 필요하면 미리 말한다고 했지만 아직은 그런 적은 없다.

인간관계에서 믿음의 본질은 해를 끼치지 않을 사람으로 인정하는 것이 아닌가 싶다. 홀로 살아갈 수 없는 관계적 동물인 인간이 사람을 못 믿는 것처럼 불행한 건 없다. '요즘 세상이 어떤데 누굴 믿어.'하면서 냉소를 지을 일은 아니다. 고정관념이나 편견은 버리고 '때문에'라고 탓하지도 말고 설령 믿었다 손해를 봤더라도 일단은 믿어 볼 일이다.

예금이 3천만 원, 매달 25일이면 월급이 꼬박꼬박 입금되는 남여사의 전 재산을 관리하는 금고는 금융기관에서 인증도 보증도 하지 않는 내 통장이다.

"그런 돈 맡아주다 곤란해지면 어쩔 건데요."라는 아내의 말을 귓전으로 흘렸다. 누군가 믿어주고 그에게 쓸모가 있다면 그것만으로 충분하다.

딩동, "ㅇㅇㅇ 님이 변종호 님의 OO 은행 계좌로 180만 원을 입금하셨습니다."

■ **연보**

■ 강원도 영월 출생
■ 1979~2001 삼화전기주식회사 근무
■ 2001~2004 (주) CS ENG 근무

■ 2004 충북대학교 수필창작반
■ 2004 푸른솔문인협회
■ 2006 〈구리 반지〉로 수필과비평 등단
■ 2006 수필과비평작가회의
■ 2006 청주문인협회.충북문인협회 입회
■ 2007~2009 푸른솔문인협회 편집장
■ 2008~2011 수필과비평작가회의 감사
■ 2008 한국문인협회 입회
■ 2011 조선일보 오피니언 게재
■ 2012~2020 수필과비평 작가회의 부회장
■ 2012 충북문화재단 문예지원기금 수혜
■ 2012 첫 수필집 《섶다리》 발간
■ 2013 제13회 홍은문학상 수상

- 2014~2020 월간 수필과비평 이사
- 2015 충북수필문학회 입회
- 2015 제15회 수필과비평 문학상 수상
- 2017~2018 수필과비평 충북지부 편집주간
- 2017 충북문화재단 문예지원기금 수혜
- 2017 두 번째 수필집 《마음을 메우다》 발간
- 2018 푸른솔문인협회 편집위원
- 2019 현) 충북수필문학회 회장
- 2019 현) 월간 좋은수필 이사
- 2019 현) 계간 푸른솔문학 편집위원
- 2020 현) 청주문인협회 부회장

현대수필가 100인선 Ⅱ· 57
변종호 수필선

주천강의 봄

초판인쇄 | 2020년 4월 05일
초판발행 | 2020년 4월 30일

지은이 | 변 종 호
펴낸이 | 서 정 환
펴낸곳 | 수필과비평사 · 좋은수필사

주 소 | 서울시 종로구 삼일대로 32길 36.
(익선동 30-6)운현신화타워 305호
전 화 | 02)3675-5635, 063)275-4000
등 록 | 제 300-2013-133호
홈페이지 | http://www.shinapub.com
e-mail | essay321@hanmail.net

값 8,000원

ISBN 979-11-5933-264-7 04810
ISBN 979-11-85796-15-4 (전 100권)

이 도서의 국립중앙도서관 출판시도서목록(CIP)은 서지정보유통지원시스템 홈페이지(http://seoji.nl.go.kr)와 국가자료공동목록시스템(http://www.nl.go.kr/kolisnet)에서 이용하실 수 있습니다.(CIP제어번호: CIP2020014284)